7
CRISTIANO RONALDO

크리스티아누 호날두
승리를 부르는 자

세계 최고가 될 수밖에 없었던 스타 플레이어의 비하인드 스토리

THE RISE OF A WINNER
CRISTIANO RONALDO

크리스티아누 호날두
승리를 부르는 자

마이클 파트 지음 | **정지현** 옮김

Cristiano Ronaldo-The Rise of a Winner © 2014
All Rights Reserved to Sole Books, Beverly Hills CA, USA.
Korean translation copyright © 2016 by CYPRESS
Korean translation rights arranged with Sole Books
through EYA(Eric Yang Agency)

이 책의 한국어판 저작권은 EYA Eric Yang Agency를 통한
Sole Books 사와의 독점계약으로
싸이프레스가 소유합니다.
저작권법에 의하여 한국 내에서 보호를 받는 저작물이므로
무단전재 및 복제를 금합니다.

CONTENTS

CHAPTER 1	마데이라 섬에서 마드리드까지	6
CHAPTER 2	유아 세례	10
CHAPTER 3	아버지가 선물한 낡은 축구공	15
CHAPTER 4	절망도 잊게 한 축구	24
CHAPTER 5	추억이 없는 크리스마스	34
CHAPTER 6	길거리 축구	41
CHAPTER 7	생애 첫 팀	49
CHAPTER 8	승부욕	53
CHAPTER 9	나시오날, 그리고 독단적 플레이	60
CHAPTER 10	마데이라 섬을 떠나 리스본으로	69
CHAPTER 11	울보 크리스티아누	79
CHAPTER 12	섬 출신 촌놈에서 영웅으로	85
CHAPTER 13	반항아의 후회	90
CHAPTER 14	심장수술	96
CHAPTER 15	첫 프로 계약	101
CHAPTER 16	알렉스 퍼거슨 감독의 눈	110
CHAPTER 17	성공적인 맨유 데뷔전	117
CHAPTER 18	홀로서기, 그리고 국가대표	121
CHAPTER 19	아, 아버지	127
CHAPTER 20	레알 마드리드	134
CHAPTER 21	꿈을 이룬 가난한 섬 소년	140

크리스티아누 호날두 기록	145

CHAPTER 1

마데이라 섬에서 마드리드까지

크리스티아누 호날두 도스 산투스 아베이루Cristiano Ronaldo dos Santos Aveiro는 얼굴에 물을 뿌리고 거울에 비친 자신의 모습을 바라보았다. 그리고 단호한 표정으로 심호흡을 했다. 오늘은 그를 위한 날이었다.

스페인 마드리드의 카스테야나 대로에는 레알 마드리드Real Madrid의 홈구장 산티아고 베르나베우Santiago Bernabéu로 향하는 차들로 넘쳤다. 때는 2009년 7월 6일로 수많은 팬들이 표를 구입하기 위해 몇 시간 전부터 기다리고 있었다. 그리고 82,000명을 수용할 수 있는 경기장이 순식간에 채워졌다. 미처 경기장에 들어가지 못한 사람들은 밖에 마련된 대형 화면으로 지켜보았다.

사람들은 레알 마드리드의 흰색 유니폼을 입었다. 오늘은 세계 최고의 선수 중 한 명이 마침내 레알 마드리드에서 첫 인사를 하는 날이었다.

그의 라커 앞에 걸린 유니폼에는 레알 마드리드의 문양이 장식되어 있었다. 등에는 9번과 그의 이름이 보였다. 얼마나 기다려온 순간인가? 그는 기억도 나지 않는 어린 시절부터 레알 마드리드에서 뛰는 꿈을 꿔왔다. 그가 레알 마드리드에서 뛰고 싶다고 말하면 다들 "모든 선수의 꿈이지!"라고 반응하곤 했다.

그는 주변을 둘러보았다. 이곳은 베르나베우다. 크리스티아누는 얼굴에 미소를 띤 채 눈을 감고 천천히 심호흡을 했다. 스피커에서 그의 이름이 흘러나오면 무대 중앙으로 뛰어가야 한다. 계단을 올라가서 인사를 하고 사람들과 악수도 하고 사진도 찍을 것이다. 아무리 카메라에 익숙한 그이지만 이번에는 달랐다. 평생의 꿈이 이루어지는 순간이니까.

너무 떨려서 걱정이 되었던 그는 뒤돌아서 자신의 새 라커를 바라보았다. 그 안에는 십자가상이 여러 개 있었다. 그는 십자가상을 잔뜩 모아두었는데 새 라커에는 그중에서 가장 마음에 드는 것만 가져다놓았다. 이제 나가야 할 시간이었다.

라커룸 밖의 계단을 내려가면 경기장으로 이어지는 복도가 나온다. 짧은 복도를 지나 파란색의 강철로 된 계단을 올라가야 했다. 복도에 다다르자 관중들의 열렬한 함성이 들렸다. 파란색 계단에 이르자 귀가 멍해질 정도로 크게 들렸다. 오늘은 그의 데뷔전이다. 레알 마드리드 관계자들은 최대한 극적인 등장을 원했다. 맨 마지막 계단에 이르렀을 때는 마치 마드리드 시민 전체가 모인 것처럼 시끄러웠다.

그는 잠시 멈춰서 마지막으로 심호흡을 하고 사다리를 오르듯 계단을 올라갔다. 마드리드 역사상 최고의 선수였던 알프레도 디 스테파노Alfredo Di Stefano가 무대에 서 있는 모습이 보이자 심장이 빠르게 뛰었다. '금빛 화살'이다! 스테파노 옆에는 포르투갈의 전설로 펠레Pele와 자주 비교되며 '흑표범', '흑진주'라 불리는 에우제비오Eusebio가 있었다. 그의 영웅들이 그를 기다리고 있었다. 도무지 지금 상황이 믿어지지 않았다.

그는 포르투갈의 마데이라에서 태어나 길거리에서 축구를 배운 가난한 소년이었다. 그런 그가 어떻게 그 자리까지 오게 되었을까? 그는 어떻게 세계적인 축구 선수가 될 수 있었을까? 눈을 감으니 어린 시절을 보낸 마데이라 섬이 보였다. 지저분한 거리와 다 무너져가는 판잣집, 그리고 축구장. 어린 시절의 기억이 고스란히 떠오르는 듯했다. 첫 기억은 교회인데 그는 파랗고 하얀 옷을 입고 있었다.

CHAPTER 2

유아 세례

안토니오 로드리게스 레볼라Antonio Rodriguez Rebola 목사는 그 날 세례를 받기로 되어 있는 아기들의 명단을 훑어보았다. 세례식이 거의 끝나갈 무렵이라 딱 한 아이만 남아 있었다. 언덕 위에 있는 산토 안토니오 교회는 그 날 오후 내내 무척 분주했는데 아베이루라는 성을 가진 크리스티아누 호날두가 명단의 맨 마지막이었다. 레볼라 목사는 빨리 집에 가고 싶었다. 그는 세례반(세례에 쓰이는 성수를 담은 돌 주발) 옆에 놓인 기다란 나무 의자에 앉은 아기 엄마 마리아 돌로레스 아베이루Maria Dolores Aveiro와 아이들, 마리아의 언니를 쳐다보았다. 대리석으로 된 세례반은 천사가 조개껍데기를 들고 있는 모양으로 조각되어 있었다.

그리고 조개껍데기에는 성수가 들어 있었다. 돌로레스의 언니는 세례반에 손가락 두 개를 담그고 즐거운 표정으로 돌로레스의 얼굴에 물을 튀겼다. 두 여성은 즐겁게 웃었다. 아기 크리스티아누 호날두는 자는 중이었다.

레볼라 목사는 소매를 걷어 올리고 시계를 보았다. 크리스티아누의 세례식은 저녁 6시에 이루어질 예정이었다. 이미 6시하고도 2분이 지났는데 아기의 아버지 호세 디니스Jose Dinis는 아직도 도착하지 않았다. 대부인 페르낭 드 소사Fernão de Sousa 역시 보이지 않았다. 돌로레스는 목사의 표정이 안 좋게 변하는 것을 보았다. 그녀는 남편과 크리스티아누의 대부가 지금 어디 있는지 알았지만 그녀가 할 수 있는 일은 없었다.

교회에서 그리 멀지 않은 안도리냐Andorinha의 축구장에서는 안도리냐와 리베이라스 브라바Ribeiras Brava의 경기가 거의 끝나가고 있었다. 크리스아누의 대부이자 주장인 페르낭 드 소사는 여전히 경기장에 있었다. 크리스티아누의 아버지인 호세 디니스는 팀의 키트맨이었다. 그는 벤치에 앉아 시계를 들여다보았다. 아들의 세례식에 늦었지만 경기가 30분이나 늦게 시작했기에 어쩔 수가 없었다. 그는 제발 심판이 연장전을 선언하지 않기를,

그리고 목사가 기다려주기를 기도했다.

케볼라 목사는 돌로레스에게 나가갔다. 목사의 표정이 무척 언짢아 보였으므로 돌로레스는 웃는 얼굴로 그를 안심시켜주려고 했다.

"남편분과 아기의 대부가 지금 오는 중이겠지요?"

"금방 도착할 거예요." 돌로레스는 늦는 이유는 물어보지 않기를 바라며 대답했다. 마데이라 섬에 사는 사람들이 모두 그녀의 가족만큼 축구를 사랑하는 것은 아니었다.

돌로레스의 언니는 깊이 잠든 한 살짜리 조카를 보며 말했다. "크리스티아누는 인내심이 강하네."

목사가 그 말을 듣고 아기를 쳐다보았다. "크리스티아누라고 부르시나요?"

"크리스티아누 호날두인데 줄여서 크리스티아누라고 불러요. 호날두는 로널드 레이건Ronald Reagan을 딴 거예요."

"미국 대통령 말인가요?"

"네. 대통령이 되기 전에는 훌륭한 배우였거든요. 우리 부부는 그를 좋아한답니다." 돌로레스가 말했다.

목사는 머리를 긁적였다. 미국의 레이건 대통령이 정치의 길에 들어서기 전에 유명한 영화배우였다는 사실은 그도 알고 있었다.

돌로레스가 웃으며 다시 말했다. "우리 부부는 그가 나온 영화를 모두 좋아해요. 기분이 좋아지거든요."

목사도 웃었다. "크리스티아누 호날두. 나중에 대통령이 되려나? 아니면 영화배우?"

돌로레스와 언니가 깔깔 웃었다.

정확히 6시 30분이 되자 산토 안토니오 교회의 작은 주차장에 페르낭의 자동차가 도착했다. 호세 디니스와 페르낭은 차에서 내려 넥타이를 고치고 재킷을 걸치고 안도리냐 유니폼 위에 입은 와이셔츠를 바지 안으로 집어넣으면서 다급하게 달려갔다. 두 사람 모두 문가에 멈추어 경건하게 예의를 갖추었다. 호세 디니스는 머리를 매만지고 페르낭의 팔짱을 끼고 교회 안으로 향했다.

크리스티아누 호날두 도스 산토스 아베이루의 세례식은 무사히 치러졌다. 그제야 레볼라 목사는 마음을 놓을 수 있었다. 세례식이 이루어지는 동안 크리스티아누는 울음소리 한 번 내지 않았다. 드디어 세례식이 끝나고 사진을 찍을 차례였다. 레볼라 목사는 아베이루 부부가 이 소중한 순간을 위해 크리스티아누에게 세례복 기운을 입히기를 바랐다. 하지만 호세 디니스가 안도리냐의 유니폼과 똑같은 색깔의 옷을 입히고 사진을 찍어야 한다고 주장했을 때 별로 놀라지는 않았다.

돌로레스가 크리스티아누를 앉히고 하얀 양말을 신겼다. 그녀와 언니는 황금색 팔찌를 찼고, 아기에게는 금반지를 끼우고 목에는 십자가상을 올려놓았다.

교회의 사진사가 사진 찍을 준비를 했다. "준비되셨나요? 하나……둘……셋!"

크리스티아누 호날두는 까만 눈을 크게 뜨고 카메라를 정면으로 쳐다보았다. 마치 수없이 해본 것처럼 말이다.

사진사가 사진을 찍자 모두들 기뻐하며 박수를 쳤다.

CHAPTER 3

아버지가 선물한 낡은 축구공

아베이루 가족의 집은 무척 작았다. 그래서 호세 디니스는 세탁기를 옥상에 갖다 두었다. 그는 자신의 집 세탁실이 마데이라 섬에서 가장 전망이 좋다고 입버릇처럼 말하곤 했다. 5살이 된 크리스티아누는 아버지와 어머니, 두 누나 엘마Elma와 카티아Katia, 그리고 형 휴고Hugo와 함께 살았다. 그들이 사는 곳은 마데이라 섬의 수도인 푼샬에 있는 산토 안토니오라는 언덕 마을이었다. 엄마와 아버지가 방 하나를 쓰고 네 아이들이 또 하나를 썼다. 방이 세 개뿐인 작은 집에서 햇빛이 들어오는 곳은 오직 방의 창문뿐이었다. 사실 천정 여기저기에 뚫린 구멍에서도 빛이 들어오고 있었지만 고칠 돈이 없었다. 세 번째 방은 가족들이 한 자리에

모이는 곳이었다. 화장실은 옷장만 한 크기로 하나뿐이었다.

   크리스티아누는 바깥 현관에 앉아 남자아이들이 롬비뉴 거리로 올라가는 모습을 지켜보았다. 척 보기에도 축구를 하러 간다는 걸 알 수 있었다. 모두 가장 좋아하는 팀의 유니폼을 입었고 한 명은 겨드랑이에 축구공을 끼고 있었기 때문이다. 다섯 마리 독수리의 거리라는 뜻인 퀸타 팔카오의 대로는 비탈진 길이었다. 그래서 아이들이 놀다가 내리막길 아래로 굴러가는 공을 잡으러 뛰어가는 모습을 자주 볼 수 있었다. 빨리 움직이지 않으면 한참 내려가서야 공을 잡을 수 있었다. 그래서 좀 더 나이가 많은 소년들은 좀 더 오르막길을 올라가 CS 마리티무Club Sport Maritimo 경기장을 바로 지나서 있는 평평한 로비뉴 거리에서 노는 것을 좋아했다.

   CS 마리티무는 프리메이라리가 팀으로 마데이라 섬에서 두 번째로 잘했다. 그리고 아버지 호세 디니스가 가장 좋아하는 팀이기도 했다. 마데이라에 프리메이라리가 소속의 팀이 또 있었는데 바로 CD 나시오날C.D. Nacional이었다. CD 나시오날은 크리스티아누의 엄마가 가장 좋아하는 팀이었고 CS 마리티무와 라이벌이었다. 또한 그녀는 포르투갈에서 가장 손꼽히는 축구 클럽인 스포르팅 리스본Sporting Lisbon의 팬이기도 했다. 그래서 마데이라 더비라고 불리는 두 지역 팀의 시합이 있을 때마다 아베이루의 집에는 긴장감이 맴돌았다. 아직 5살밖에 안 된 크리스티아누는 이미 아버지와 자주 축구를 보러 다녔다. 크리스티아누에게 축구는 전부였다.

크리스티아누는 집안에서 흘러나오는 저녁 식사를 만드는 냄새에 배가 고파졌다. 지나가는 소년들이 손을 흔들었다. 공을 든 소년이 공을 발 아래로 떨어뜨리더니 다시 차 올려서 잡는 동작을 반복했다.

크리스티아누는 자리에서 벌떡 일어나 소년들에게 달려가서 외쳤다. "나도 축구하고 싶어!"

하지만 소년들은 웃음을 터뜨렸다. 공을 가진 아델리노Adelino가 "넌 너무 어려!"라고 했다. "6살은 되어야지!" 다른 소년의 말에 다들 더 크게 웃음을 터뜨리고는 오르막길로 올라갔다.

실망한 크리스티아누는 바깥 현관으로 돌아가 애꿎은 벽을 차면서 외쳤다. "난 어리지 않아! 거의 6살이란 말이야!" 그리고는 잠시 생각에 잠겼다가 자리에 앉아 신발과 양말을 벗고는 양말을 뭉쳐서 공으로 만들었다. 크리스티아누는 양말 공을 떨어뜨리고 발등으로 받아서 다시 차올린 후 손으로 잡았다. 나이 많은 소년들이 한 동작 그대로였다. 크리스티아누는 계속 그 연습을 했다. 하면 할수록 완벽해졌고 어느새 눈을 감고도 할 수 있게 되었다.

뒤쪽에서 휘파람 소리가 들렸다. 홱 돌아보니 안도리냐에서 돌아오는 아버지가 보였다. 아버지는 손을 흔들고 가방을 내려놓고는 마치 거대한 독수리처럼 두 팔을 벌렸다.

"아빠!" 크리스티아누는 내리막길을 달려가서 아버지의 품에 안겼다. 아버지의 품에 안기면 무척 기분이 좋았다. 아버지는 막내아들을 꽉 안아주었다가 맨발인 것을 보고 물었다.

"신발은 어디 있니?"

"현관에요." 크리스티아누가 집 쪽을 가리켰다.

"또 양말로 공을 만들어서 논 거야?" 아버지가 웃으며 물었다.

크리스티아누는 아버지를 더욱 꽉 안았다. "아빠가 사준 공은 잃어버렸어요. 너무 세게 차서 저 아래로 굴러가버렸어요."

"잡으러 갔어야지!" 아버지가 웃으며 말했다.

"잡으려고 했어요! 그런데 수풀 속으로 사라져 버렸어요. 절벽 아래 바다로 떨어졌나 봐요."

아버지는 웃으며 아들을 놓아주었다. 그리고는 안도리냐의 키트맨으로 일할 때 가지고 다니는 가방을 열어 안에서 여기저기 흠집이 난 축구공을 꺼냈다. "이제 네 꺼야. 이번에는 잃어버리지 않도록 조심하렴." 아버지가 진지한 얼굴로 말했다.

크리스티아누는 눈이 휘둥그레져서 꼼짝도 하지 못했다. "새 공이다!" 크리스티아누의 표정은 경건해보일 정도였다.

"새 공 같은 헌 공이지, 크리스티아누." 아버지가 말했다.

크리스티아누는 두 손으로 공을 받아들고 구석구석 살폈다. "정말 제 공이에요?"

"아니. 다른 아이 줄려고 가져온 거야."

"네?" 크리스티아누가 울먹이기 시작했다.

아버지는 장난을 친 것이 미안해서 아들을 한 번 더 안아주었다. "울지 마라, 크리스티아누! 울지 마! 장난이야, 장난!"

크리스티아누는 눈물이 가득한 눈으로 아버지를 바라보았다. 그리고는 아직 훌쩍거리는 상태로 웃더니 아버지의 품으로 뛰어들어 땀에 젖은 아버지의 셔츠에 코를 닦았다.

"오~ 이런!" 아들이 자신의 옷에 코를 닦은 것을 보고 아버지가 외쳤다.

크리스티아누는 웃으면서 오르막길을 달려갔다. 집 앞에 엄마 돌로레스가 나와 있었다.

"엄마! 이것 보세요!" 크리스티아누는 아버지에게 받은 축구공을 보여주었다. 엄마는 공을 가져가려고 했지만 크리스티아누가 빼앗기지 않으려고 얼른 물러섰다. "내 거에요! 엄마도 축구공을 사세요!"

엄마는 웃음을 터뜨렸다. "얼른 들어가서 저녁 먹자! 음식이 다 식겠어!" 엄마는 크리스티아누를 데리고 집안으로 들어갔다.

크리스티아누는 포크를 내려놓았다. "배불러요." 그러자 모두 아직 음식이 가득한 크리스티아누의 접시를 쳐다보았다. 그 날 저녁 메뉴는 바칼라오였다. 소금에 절인 대구와 감자, 으깬 계란으로 이루어진 포르투갈의 전통적인 음식이다. 하지만 이번 주에는 생선을 구입할 형편이 되지 않아 생선이 빠져 있었다. 아직 5살밖에 되지 않은 크리스티아누도 채소만 잔뜩 들어간 요리라는 것을 알았다.

식탁에는 아버지와 엄마가 마주 보면서 앉고 네 아이가 두 명씩 짝을 지어 양쪽에 앉아 있었다. 크리스티아누의 자리는 아버지 옆이었다.

"다 먹었니?" 돌로레스는 평상시와 같은 표정으로 물으면서 재빨리 남편을 쳐다보았다.

크리스티아누는 세차게 고개를 끄덕였다. 식탁 아래로는 오른발을 축구공에 올려놓고 있었다.

"놀려면 힘이 필요해. 힘은 그냥 생기는 게 아니야. 채소를 많이 먹어야지." 아버지가 포크로 음식을 가득 집으며 말했다.

"감자 두 입, 달걀 두 입 더 먹고 우유는 다 마시렴." 엄마가 말했다.

크리스티아누는 그 말대로 달걀과 감자를 한 번 더 입에 넣었다. 크리스티아누는 셈을 할 줄 알았기에 두 번이 몇 번인지 잘 알고 있었다. 볼이 햄스터처럼 볼록해졌다. 입안에 음식이 가득해서 씹기도 어려울 정도였다.

카티아는 웃음을 참으려고 했지만 남동생의 얼굴을 보니 자기도 모르게 웃음이 터져 나왔다. 카티아가 웃자 엘마와 휴고도 따라 웃었다. 엄마도 얼굴을 돌리며 웃었고 아버지의 얼굴에도 미소가 번졌다. '저 녀석하고 있으면 심심할 틈이 없단 말이야.'라고 호세 디니스는 생각했다.

"됐다. 이제 가서 놀아도 돼."

아버지의 말을 듣자마자 크리스티아누는 공을 들고 문으로 달려갔다.

"이번엔 잃어버리면 안 돼!" 아버지가 아들을 따라 나가며 소리쳤다. 아버지가 밖으로 나가보니 크리스티아누는 벌써 오른발에서 왼발로 공을 드리블하며 오르막길을 올라가고 있었다. 또래 5살짜리보다 훨씬 빨랐다. 게다가 벌써부터 기술을 구사했다. 집에 TV가 없는 아베이루 가족은 이웃집으로 가서 축구 경기를 시청했는데 크리스티아누는 TV에서 본 기술을 다음 날 그대로 따라했다.

크리스티아누가 모퉁이를 지나 오르막길로 사라지자 아버지는 아들을 쫓아 달리기 시작했다. 크리스티아누가 좀 더 큰 아이들이 축구를 하고 노는 롬비뉴 거리로 들어섰을 때에야 따라잡을 수 있었다. 아버지는 아들에게 보이지 않도록 몸을 숙였다.

소년들은 쓰레기통으로 골대를 표시해놓고 시합을 시작하려던 참이었다. 크리스티아누는 쳐다보고만 있지 않고 공을 떨어뜨리더니 소년들의 머리 위로 뻥 찼다. 쓰레기통 하나가 공에 맞고 쓰러졌다. 골인이었다. 크리스티아누는 기뻐하면서 두 팔을 들고 달렸다.

　멍하니 쳐다보던 소년들이 웃음을 터뜨렸다. 멀리서 쳐다보던 아버지도 마찬가지였다. 크리스티아누는 쓰레기통으로 달려가 공을 집어 들었다. 그리고 소년들을 지나치더니 자신을 비웃었던 아델리노 앞으로 가서 당당한 미소를 지어보였다. 그리고 집으로 향해 달렸다. 갑자기 모습을 드러낸 아버지를 보고 크리스티아누가 미소를 지었다. "축구공 주셔서 감사해요." 크리스티아누는 벌써부터 제 또래보다 키가 컸다. 아버지는 아들의 어깨를 꽉 잡았다. "잘했다." 아버지는 일부러 아무렇지 않은 척 말했다.

　"네." 크리스티아누도 담담하게 대답했다.

　두 사람은 잠깐 동안 아무런 말없이 걸었다. 아버지가 더 이상 참지 못하고 소리쳤다. "사실은 엄청 잘했어!" 아들의 어깨에 올린 아버지의 손에 더욱 힘이 들어갔다.

CHAPTER 4

절망도 잊게 한 축구

봄, 6살이 된 크리스티아누는 침대에 누운 채 두 발로 공을 가지고 놀았다. 부엌에서 엄마와 아버지가 싸우는 소리가 들렸다. 아버지가 또 술을 마신 것이었다. 저녁 시간이 가까워져 엄마는 저녁 식사 준비를 하던 참이었다. 부모님은 항상 돈 때문에 싸웠다. 엄마는 아버지에게 제발 술을 그만 마시라고 부탁했다. 아버지는 정원사와 축구팀의 키트맨으로 일하면서 버는 돈을 거의 술 마시는 데 써버렸다. 엄마가 버는 돈을 생활비로 썼지만 턱없이 부족했다. 엄마는 새벽부터 저녁까지 일하고 집에서 요리와 청소까지 해야만 했다. 엄마는 가족을 위해 언제나 최선을 다했다. 하지만 아버지는 술을 끊지 못했다.

술을 마시지 않겠다고 하면서도 항상 약속을 깨뜨렸다. 슬픈 일이었다. 술 취한 아버지의 꼴은 엉망이었고 어린 크리스티아누는 그런 아버지를 보는 게 싫었다. 술 취했을 때의 아버지는 평소의 아버지가 아니었다. 크리스티아누는 사랑하는 아버지가 제발 술을 끊기를 바랐다. 아직 어린 크리스티아누에게도 건강에 얼마나 해로운 일인지 보였던 것이다. 아버지의 눈에 비친 절망감과 스스로 어쩌지 못하는 혼란스러움을 크리스티아누도 느낄 수 있었다.

크리스티아누는 자신은 절대로 술을 마시지 않겠다고 다짐했다. 단 한 잔도, 한 모금도 마시지 않을 것이라고. 절대로.

크리스티아누는 가난이 싫었다. 넉넉하게 사는 사람들도 있다는 것을 크리스티아누도 알았다. 절대로 굶을 걱정 없이 살아가는 사람들이 있다는 것을. 먹고 싶을 때 먹고 싶은 만큼 다 먹을 수 있고 비가 새지 않는 좋은 집에서, 좋은 침대에서 자는 사람들이 있었다. 자신도 그렇게 될 수 있지 않을까? 어떻게 해야 가능할까? 크리스티아누는 부모님과 형, 누나들이 힘들어 하는 모습을 볼 때마다 가슴이 아팠다. 그래서 나중에 크면 가족들을 꼭 호강시켜주겠다고 결심했다. 온 가족이 좋은 집에서 살고 부모님도 싸울 일이 없도록. 그러면 아버지도 술을 끊고 건강하고 행복해질 수 있을 것이다.

크리스티아누는 방법을 찾아야만 했다. 창가로 가서 밖을 내다보니 큰 아이들이 롬비뉴로 가서 축구를 하기 위해 퀸타 팔카오의 대로를 올라가고 있었다. 크리스티아누는 재빨리 방으로 달려가 공을 들고 다시 창밖을 바라보았다. 부엌에서 펜넬과 케일 냄새가 풍겼다. 조금 있으면 엄마가 식사 시간이라고 부를 터였다. 하지만 먹고 싶지 않았다. 축구가 하고 싶었다. 축구를 하면 항상 기분이 좋아졌다. 크리스티아누에게 축구는 어둡고 괴로운 일을 잊는 방법이었다. 햇볕이 밝게 내리쬐는 거리는 마치 크리스티아누를 부르는 듯했다. 크리스티아누보다 나이가 많은 소년들은 거칠었지만 크리스티아누도 지지 않을 자신이 있었다. 길거리에서 축구를 하면 정말 행복했다. 기쁨이 넘쳐흘렀다. 집안의 힘든 일은 전부 잊고 몇 시간이고 축구를 할 수 있었다.

"엘마! 카티아! 와서 식탁 차리는 걸 도와다오! 휴고! 크리스티아누! 와서 도와줘! 저녁 거의 다 됐어!" 엄마가 냄비를 저으며 소리쳤다.

하지만 그때 크리스티아누는 벌써 창문을 넘어가고 있었다.

그렇게 크리스티아누는 엄마가 모르는 사이 밖으로 나가버렸다.

"엄마, 크리스티아누가 또 축구공 들고 창문으로 나갔어요." 카티아가 일렀다.

"제가 데려올게요." 휴고가 문으로 뛰어갔다.

"휴고, 잠깐!" 엄마가 휴고를 불렀다.

휴고가 멈추고 엄마를 돌아보며 어리둥절한 표정으로 물었다. "왜요?"

"그냥 두자. 축구하는 걸 좋아하잖니. 우리 먼저 먹자. 다 먹고 엄마가 가서 데려올게." 돌로레스는 이렇게 말하며 두 딸에게 그릇을 건넸다.

크리스티아누가 기억하는 거리는 언제나 초라했다. 도로 여기저기가 움푹 들어가 있고 벽에는 산토 안토니오의 길거리 폭력배들이 해놓은 낙서로 가득했다. 크리스티아누는 가장 마음에 드는 벽에 대고 킥을 연습했다. 집에서 얼마 떨어지지 않은 곳이었다. 크리스티아누는 늘 하던 대로 오른발로 돌담에 공을 차고 왼발로 잡아 오른발로 넘겨서 능숙하게 차올려 머리로 받는 연습을 했다.

마침 다른 소년들이 축구를 하러 가려고 오르막길을 올라가고 있었다. 크리스티아누는 전혀 신경 쓰지 않는 척했지만 이내 곁눈질로 슬쩍 보다가 공을 잡고는 이렇게 소리지며 뛰어갔다. "나 이제 6살이야! 나도 같이 하자!" 크리스티아누는 공을 왼발에서 오른발로 옮기며 달렸다. 마침내 소년들을 따라잡자 오른발로 공을 멈추고는 오른쪽으로 차서 머리로 잡는 것을 보여주었다.

"나도 이제 다 컸다고!"

"너 무슨 소리를 하는 거야, 크리스티아누?" 아델리노가 물었다.

크리스티아누는 씩 웃었다. "6살이 되면 같이 축구할 수 있다고 했잖아. 나 이제 6살이야!"

소년들은 웃음을 터뜨렸다.

그때 아델리노가 아이들을 조용히 시키고 크리스티아누의 공을 가져가더니 이렇게 물었다. "아까 보니 꽤 어려운 기술을 쓰던데, 연습했구나?"

"매일 했어. 공을 놓치면 길 아래로 굴러가서 다시 못 찾잖아. 그래서 지금까지 한 번도 놓치지 않았어." 크리스티아누는 뛸 듯이 기뻤다. 소년들의 무리가 자신의 실력을 인정해주었기 때문이었다.

"하지만 우린 이제 9살이야." 아델리노가 공을 다시 크리스티아누에게 던졌다. "9살 되면 끼워줄게."

소년들은 웃으며 계속 길을 올라갔다.

크리스티아누는 얼굴이 빨개지고 속이 부글부글 끓었다. 아직 6살밖에 되지 않았지만 소년들의 나이를 따라잡을 수 없다는 것쯤은 알았다. 가만히 있어서는 안 되었다. 크리스티아누는 소년들에게로 시선을 고정한 채 공을 떨어뜨렸다. 그리고 본능적으로 공을 찼다. 오르막길로 날아간 공이 아델리노의 등에 맞았다.

그러자 소년들이 전부 멈춰 섰다. 아델리노를 제외한 소년들은 서로 얼굴만 쳐다보며 아델리노가 어떻게 나올지 기다렸다.

마침내 아델리노가 천천히 뒤돌았다.

크리스티아누는 물러서지 않았다. "내가 9살이면 형들은 12살이고 그때도 똑같은 말을 할 거잖아!"

아델리노는 화가 나서 곧 폭발할 것처럼 눈을 가늘게 떴지만 화를 내는 대신 웃음을 터뜨렸다. 너무 웃어대느라 바닥에 주저앉을 정도였다. 그러자 다른 소년들도 웃기 시작했다.

아델리노는 크리스티아누의 낡은 공을 가져가 내리막길의 아래쪽에 서 있는 6살짜리에게 찼다. 크리스티아누가 능숙하게 공을 잡았다.

"좋았어, 크리스티아누! 넌 6살이니까 우리 팀이 이기게 도와!" 아델리노는 이렇게 말하고 롬비뉴 거리로 계속 올라가기 시작했다.

크리스티아누는 가슴 높이로 공을 들고 길 한가운데에서 꼼짝도 하지 않고 서 있었다. 아델리노와는 같은 골목에 살아서 태어날 때부터 아는 사이였다. 크리스티아누는 아델리노가 하루도 빠지지 않고 자신의 집을 지나쳐 축구를 하러 가는 모습을 보았다. 방금 그런 아델리노가 같이 축구를 하자고 한 건가?

저 위에서 아델리노가 뒤돌아보았다. "뭐 해? 안 올 거야?"

크리스티아누는 심호흡을 하고 흐르는 눈물을 닦고 달려갔다. 소년들이 다음 골목으로 접어들기 전에 따라잡을 수 있었다. 아델리노가 웃으며 크리스티아누의 어깨에 팔을 올렸다. "잘했어." 그들은 함께 웃으며 다음 모퉁이에서 롬비뉴 거리로 접어들었다.

그곳에서 다른 소년들이 기다리고 있었다. 소년들은 골대 역할을 할 낡은 벽돌 옆에 서 있었다. 몇몇은 서로 공을 차며 연습을 했다. 아델리노의 팀이 도착하자 다들 하던 일을 멈추었다. 상대팀 선수들은 적어도 12살은 되어 보였다. 크리스티아누는 심장이 빠르게 뛰었다. 12살짜리 형들을 보니 무서웠던 것이다.

"뭐야, 아기를 데려왔잖아!" 한 명이 크리스티아누를 가리키며 소리쳤다.

크리스티아누는 주먹을 꽉 쥐었다. 뭔가를 집어 던지고 싶은 기분이었지만 그랬다가는 형들한테 맞을 것 같았다. 그래서 입을 꼭 다물고 있었다.

"크리스티아누는 아기가 아니야, 바보야! 너희들 조심하는 게 좋을걸!" 아델리노는 이렇게 외치고 이번에는 크리스아누에게 말했다. "가운데에 있다가 공이 오면 우리 중 한 명한테 패스해."

"나도 어떻게 하는지 알아." 크리스티아누가 제자리를 찾아가며 말했다.

잠시 후 상대팀 골키퍼가 쳐낸 공이 아델리노를 맞고 상대팀 선수 쪽으로 떨어졌다. 크리스티아누가 잽싸게 달려가 공을 빼앗더니 아델리노에게 패스했다. 아델리노는 드리블을 하면서 슛을 날렸지만 아쉽게도 골대의 왼쪽을 맞고 빗나갔다.

"이런!" 크리스티아누는 아쉬워하며 고개를 저었다. 아델리노가 옆을 지나쳐갔다. "뭘 걱정해? 또 기회가 있을 텐데." 하지만 크리스티아누는 화나고 안타까운 표정으로 눈물을 흘리고 있었다.

"왜 못 넣은 거야? 완벽한 패스였는데!"

"그래, 내가 놓쳤다. 그냥 시합일 뿐이잖아. 진정하라고!"

"난 진정했어!"

"네 얼굴이나 보고 말하시지." 아델리노는 짜증이 나서 숨을 헉헉거리며 쏘아붙였다. "넌 더 잘할 수 있다 이거야?"

"나한테 포워드를 맡겨줘."

두 소년은 서로 마주보았다. 다른 소년들은 웃으면서 서 있었다.

"네가 포워드를 한다고? 네가 잘할 수 있을 것 같아?"

"형보단 잘해." 크리스티아누가 말했다. 진심이었다.

아델리노는 크리스티아누를 빤히 쳐다보았다. "좋아. 그럼 나랑 포지션을 바꾸자, 스트라이커님."

집으로 가는 길에 크리스티아누는 아델리노를 쳐다보며 웃었다. 아델리노는 그저 고개를 저을 뿐이었다. "아직 6살밖에 안 됐는데. 9살이 되면 어떨지 생각도 하기 싫다!" 소년들은 크리스티아누가 사는 판잣집 앞에 멈추었다. 크리스티아누가 눈을 찡긋했다. "난 나중에 레알 마드리드에서 뛰고 싶어."

"모두의 꿈 아냐?" 아델리노가 말했다. 두 소년은 웃음을 터뜨렸다. 아델리노가 크리스티아누의 등을 찰싹 때리고 머리를 헝클었다.

크리스티아누가 집으로 가보니 엄마가 현관 앞에 나와서 기다리고 있었다.

"왜 이렇게 늦었니?"

"그냥 축구하느라고요."

"아델리노랑 다른 형들이랑 같이 한 거야?" 엄마가 각자 흩어져 집으로 돌아가는 아이들을 보며 물었다. 엄마는 아들의 어깨에 손을 올려놓았다. 아들은 이미 제 또래보다 훨씬 컸고 곧 새 운동화가 필요했다.

"다들 나보다 나이가 많아요, 엄마." 크리스티아누가 엄마의 뺨에 키스하며 말했다.

"우리 팀이 이겼어요. 내가 2골이나 넣었어요." 승리했다고 말하면서도 크리스티아누는 실망한 목소리였다.

"정말 잘했구나!"

엄마의 칭찬에도 크리스티아누는 여전히 실망한 얼굴로 중얼거렸다. "해트트릭을 하고 싶었는데."

CHAPTER 5

추억이 없는 크리스마스

크리스티아누는 가장 좋아하는 장소인 퀸타 팔카오에서 가장 높은 꼭대기에 서서 저 멀리 항구에 비친 크리스마스 조명을 바라보았다. 가슴이 뛰었다. 그때 엘마가 동생이 뭘 보는지 궁금해 하며 옆으로 왔다.

때는 1991년 겨울이었고 푼샬항은 해변에 늘어선 리조트 호텔을 따라 밝은 조명으로 빛나고 있었다. 한 리조트의 산책로에는 형형색색의 조명이 달린 거대한 나무가 있어서 주변이 온통 주황색과 빨간색으로 빛났다. "너 어디 갔었어?" 엘마가 물었다.

"당연히 축구하고 있었지." 크리스티아누는 저 아래의 항구를 가리켰다. "저길 봐."

"나도 눈이 있거든." 누나는 동생을 한 번 쳐다보더니 항구로 시선을 돌렸다. "정말 예쁘다." 엘마가 말했다.

"카티아 언니랑 휴고랑 나는 해마다 이렇게 구경하거든. 넌 자느라고 바쁘지만!"

크리스티아누가 코를 킁킁거렸다. "생선 튀김 냄새가 나는 것 같아."

카티아는 입술을 깨물었다. "저기 요트가 있는 곳에는 배고픈 사람이 한 명도 없겠지."

저 아래 고급 리조트 호텔의 손님들은 맛있는 음식을 먹고 햇살을 받으며 휴게실에서 낮잠을 자며 일광욕을 했다. 관광객들이 네일케어를 받는 데 쓰는 돈은 크리스티아누 가족의 한 달 식비보다 많았다. 언덕 위의 판잣집 동네 사람들은 하루하루 먹고살기도 힘들었다. 저 아래에서는 맛있는 음식을 얼마나 많이 먹을까?

네 남매는 저 아래 푼샬의 요트 정박지에 장식된 크리스마스 조명을 바라보았다. 크리스티아누는 고개를 들어 거대한 노란색 대저택의 커다란 창문으로 보이는 크리스마스 트리를 쳐다보았다. 크리스마스 트리는 알록달록한 전구와 은색의 반짝이는 조각으로 장식되어 있었다. 크리스티아누는 자신의 집에도 크리스마스 트리가 있었으면 좋겠다고 생각했다. 하지만 불가능하다는 것을 알고 있었다.

"오늘 산타 할아버지가 오실까?" 크리스티아누가 물었다.

엘마가 카티아와 휴고를 차례로 쳐다보았다. 엘마는 선물이 없으리라는 것을 알고 있었다. 사실 엘마는 한 번도 크리스마스 선물을 받은 적이 없었다. 아이들의 아버지는 크리스마스 파티는커녕 선물 살 돈도 없었다. 엘마가 크리스티아누를 껴안았다. "모르겠어, 크리스티아누. 하지만 이것만은 알아. 앞으로 계속 이렇지는 않을 거야."

산 위에서 반짝 하고 번개가 치더니 평소에 자주 들었던 요란한 천둥소리가 들렸다.

"그만 가자." 엘마는 크리스티아누의 손을 잡았고 카티아와 휴고를 무릎으로 쳤다. "그만 가자. 비가 올 거야."

"집에 가도 똑같잖아. 집에 있어도 밖에 있는 것처럼 비가 새는데." 휴고가 자리에서 일어나며 말했다.

크리스티아누가 엘마의 무릎을 털어주며 소리쳤다. "냄비 꺼내야지!" 크리스티아누는 이렇게 소리치고 비를 피하기 위해 집으로 달려갔다.

엘마와 휴고, 카티아는 웃으며 막내 동생을 따라갔다. 막내 동생은 언제나 분위기를 밝게 만드는 재주가 있었다. 그날 밤 아이들은 냄비와 프라이팬을 꺼내 빗물이 새는 곳에 놓았다. 빗물 떨어지는 소리가 마치 협주곡처럼 들렸다.

한참 후, 비가 그치고 달이 모습을 드러내자 밖이 푸르게 변했다. 물을 마시기 위해 일어난 돌로레스는 아이들이 잘 있는지 확인하러 갔다. 다들 자고 있었다. 크리스티아누는 축구공을 껴안은 채 미소 띤 얼굴로 잠들어 있었다. 그녀는 고개를 숙여 크리스티아누의 이마에 키스를 했다.

그때 크리스티아누가 몸을 뒤척였다. 그러자 옆에 있던 엘마도 몸을 뒤척였고 그 다음에는 카티아가 움직였고 휴고는 자다가 잠꼬대를 했다. 돌로레스는 네 아이가 차례로 뒤척이다가 다시 조용히 잠드는 모습을 지켜보았다. 아이들이 한 방, 한 침대에서 비좁게 자지 않도록 해주고 싶었지만 이는 불가능했다. 엄마와 아버지가 청소부와 키트맨으로 일하는 수입으로는 턱없이 부족했기 때문이다.

다음 날 아침 이른 시간에 뒤에 뭔가를 숨긴 페르낭이 찾아와

문을 세 번 두드렸다. 그는 아베이루 가족 중 누가 제일 일찍 일어나는지 알고 있었기에 누가 나올지도 예상하고 있었다.

과연 크리스티아누가 침대에서 벌떡 일어나 달려와서 문을 활짝 열었다. 문 앞에는 그의 대부가 서 있었다.

"누군지 물어보지도 않고 문을 열어주다니. 강도면 어쩌려고?"

"말도 안 돼요. 훔쳐갈 것도 없는데!"

페르낭은 웃으며 집안으로 들어왔다. 여전히 뒤에 손을 감춘 채였다. 그는 집안을 둘러보았다. "크리스마스 트리는 어디 있어?"

"크리스마스 트리는 아무도 필요 없는 걸요?" 크리스티아누가 말했다.

"그래. 아무도 필요 없지." 페르낭이 웃었다.

"선물은 어디 있니?"

"선물도 아무도 필요 없는 걸요?" 크리스티아누는 페르낭이 뒤에 숨긴 걸 보려고 애썼다.

"선물은 누구나 필요하지." 페르낭이 뒤에 감추었던 손을 앞으로 내밀었다. 그는 포장된 선물을 들고 있었다. "너도 선물을 받고 싶잖아."

크리스티아누는 선물을 유심히 살폈다. "누구 선물이에요?"

"누구 선물일까?" 페르낭이 크리스티아누를 가리키며 물었다.

크리스티아누는 선물 상자를 가져다 풀기 시작했다. 상자의 앞면을 통해 안이 훤히 보였다. 빨간색의 무선 조종 경주용 차가 들어 있었다.

"자동차네." 크리스티아누가 중얼거렸다.

페르낭은 크리스티아누의 얼굴에서 실망스러운 기색을 알아차렸다.

크리스티아누는 테이블에 선물을 내려놓았다.

"우리에게 선물이 생겼네요!"

"열어보지도 않고, 안 가지고 놀 거야?"

크리스티아누는 고개를 저었다. "잠깐만 기다리세요." 크리스티아누가 잽싸게 방으로 달려갔다.

"그래. 어디 안 가고 있으마." 페르낭이 중얼거리듯 말했다.

크리스티아누는 축구공을 가지고 왔다. "제 선물은 이거에요. 차는 휴고 형한테 주세요. 형은 차를 좋아하거든요."

페르낭은 크리스티아누의 얼굴을 찬찬히 살피고는 고개를 끄덕였다. "그럼 그렇지. 내가 왜 깜빡했을까?"

"왜 깜빡하셨어요? 제가 세상에서 축구를 제일 좋아한다는 걸 아시잖아요! 전 레알 마드리드에서 뛰고 싶어요!"

페르낭은 웃으며 크리스티아누를 껴안았다. "모든 선수의 꿈이지!"

그때 엄마와 아버지가 나왔다.

"왜 이렇게 시끄러워?"

"내가 바깥 현관에서 선물을 발견했거든. 문이 잠겨 있으면 어떻게 산타 할아버지가 선물을 주고 가겠어?" 페르낭은 외투 주머니에서 세 개의 선물을 더 꺼냈다.

엘마와 카티아, 휴고도 졸린 눈을 비비고 나왔다. 페르낭은 아이들에게 작은 선물을 하나씩 주면서 말했다. "펠리스 나따우 Feliz Natal!". 포르투갈어로 '메리 크리스마스'라는 뜻이었다. 페르낭이 크리스티아누에게 윙크를 하자 크리스티아누도 따라 했다.

"모두 메리 크리스마스!" 크리스티아누가 외쳤다.

CHAPTER 6

길거리 축구

크리스티아누의 담임인 마리아 도스 산토스 Maria Dos Santos 선생님은 칠판 아래에서 분필을 집어 들고 반 아이들을 쳐다보았다. 크리스티아누 호날두의 자리가 또 비어 있었다. 선생님은 뒤돌아 칠판에 뭔가를 적기 시작했다. 그런데 갑자기 웅성웅성 대는 소리와 킥킥 웃는 소리가 들렸다. 선생님이 다시 뒤돌아보니 크리스티아누가 어느새 자리에 앉아 있었다. 두 손은 얌전히 앞으로 모으고 선생님을 바라보고 있었다. 머리카락은 젖었지만 깔끔하게 빗은 상태였다. "드디어 오셨군요. 아베이루 씨."

"감사합니다, 도스 산토스 부인." 크리스티아누가 받아쳤다. 여기저기서 웃는 소리가 들렸다. 크리스티아누는 선생님을 보고 윙크를 했다.

　선생님은 크리스티아누의 윙크에 기분이 풀리고 말았다. 어쩔 수 없었다! 선생님은 다시 칠판에 뭔가를 쓰다가 갑자기 홱 돌아서 아이들을 보았다. 크리스티아누는 아까와 똑같은 자세로 선생님을 보고 있었고 이번에는 씩 웃었다. 선생님은 한숨을 내쉬고는 천천히 뒤돌아 필기를 계속 했다. 만약 다른 학생이 늦었다면 교장실로 보냈을 것이다. 하지만 선생님은 크리스티아누의 가정환경을 잘 알고 있었다. 좁고 초라한 집, 술만 마시는 아버지. 그녀는 축구밖에 모르는 크리스티아누가 학교에 오는 것만 해도 다행이라고 생각했다.

　점심시간이 되자 아이들은 잔디밭에 둘러앉아 도시락을 꺼내 먹기 시작했다. 크리스티아누는 도시락을 싸오지 못했지만 대신 점심시간에 축구 연습을 하는 버릇을 길렀다. 학교에는 축구공이 없으므로 또 양말로 만든 공을 이용했다. 다른 아이들이 샌드위치와 과일로 된 도시락을 먹을 때 크리스티아누는 양말을 뭉쳐서 만든 공을 이쪽 발에서 저쪽 발로 옮기며 기술이 완벽해질 때까지 끊임없이 연습했다.

　"크리스티아누, 넌 축구 생각밖에 안 하니?" 반 친구 글렌다

Glenda가 사과를 나눠주며 물었다.

"응." 크리스티아누는 짧게 대답하고는 계속 양말 공을 찼다.

학교가 끝나고 집으로 돌아간 크리스티아누는 화장실로 들어가 문을 닫고 발 앞에 있는 공을 쳐다보았다. 화장실은 한 사람이 들어가기에도 비좁았는데 축구공이 있으니 더 좁아보였다. 크리스티아누는 크루이프 턴Cruyff turn을 완벽하게 연습하고 싶었다. 네덜란드의 전설적인 공격형 미드필더인 요한 크루이프Johan Cruyff 선수의 이름을 따서 만들어진 그 기술은 상대팀을 골치 아프게 만들 수 있었다. 그런데 이 기술을 연습하려면 좁은 공간이 필요했다. 크리스티아누는 패스를 하려는 것처럼 한 다리를 들어 올린 후 재빨리 방향을 바꿔서 다른 쪽 다리 뒤로 공을 가볍게 찼다. 그리고 발을 바꿔가며 처음에는 오른발을 이용해 왼쪽으로 움직이고 그 다음에는 왼발을 이용해 오른쪽으로 움직였다. 좁아터진 화장실에서 수백 번이고 연습을 했다.

돌로레스는 부엌에서 채소를 썰고 있다가 화장실에서 이상한 소리가 나는 것을 들었다. 그녀는 부엌칼을 내려놓고 닫힌 화장실 문으로 가서 소리쳤다. "거기서 뭐하는 거야?"

"축구 연습해요." 크리스티아누가 크게 대답했다.

밖에는 아델리노와 소년들이 집 앞에 와있었다. "크리스아누!" 아델리노가 소리쳐 물었다.

그러자 크리스티아누는 재깍 공을 들고 화장실 문을 열었다. 그러고는 엄마를 보고 미소를 날리면서 서둘러 현관문으로 달려 나갔다.

밖에서는 아이들이 벌써 시합을 하고 있었다. "롬비뉴는 바닥이 너무 질척거려. 그래서 오늘은 여기서 할 거야!!" 아델리노가 소리쳤다.

택시 한 대가 시끄럽게 경적을 울리자 크리스티아누와 아델리노는 재빨리 옆으로 비켰다. 차가 지나가고 다시 시합이 계속 되었다. 크리스티아누가 공을 잡자마자 상대팀의 두 선수가 달라붙었다. 크리스티아누는 상대팀 선수들을 속일 방법을 찾아야만 했다. 골대는 오르막길에 있었으므로 가파른 오르막길로 드리블을 하며 나아갔다. 길가에 낡은 자동차 타이어가 있었는데 크리스티아누는 본능적으로 공을 타이어로 차서 튕겨나가게 한 후 깜짝 놀란 수비수들의 반대편에서 공을 잡았다.

아델리노가 멈춰 서더니 크리스티아누에게 물었다. "어떻게 그런 생각을 했어?"

"어쩔 수 없었거든." 크리스티아누가 말했다.

세 명의 수비수가 돌진해오자 크리스티아누는 새로 완벽하게 익힌 기술로 따돌렸다. 크리스티아누는 공을 발에 가까이 두고 오른쪽으로 이동시키면서 오른발을 들어 패스하는 척하고는 능숙하게 반대쪽 다리 뒤로 공을 터치해서 눈 깜짝할 사이에 방향을 바꾸었다. 두 번 더 빠르게 드리블하고 뒤를 돌아보더니 쓰레기통 사이로 공을 가볍게 차 넣었다. 수비수들은 여전히 뒤에서 따라오고 있었다.

아델리노가 크리스티아누를 잡고 소다수를 흔들듯이 마구 흔들었다. "진짜 멋졌어!" 아델리노는 크리스티아누의 어깨에 팔을 올리고 함께 미드필드로 돌아갔다. "정말 멋졌다니까! 굉장히 빨랐어! 눈에 보이지도 않을 정도였다니까!"

크리스티아누는 어깨를 으쓱했다. 좁은 화장실에서 연습한 보람이 있었다.

아델리노는 갑자기 멈추더니 다시 크리스티아누의 어깨를 잡고 아무도 들리지 않게 조용히 속삭였다. "하지만 너무 자주 하지는 마. 우리 팀에 꼭 필요할 때만 해. 그래야 상대팀이 뭐가 뭔지 어리둥절해하지!"

시합은 재개되었다. 크리스티아누가 또 다시 공을 잡아 드리블을 하기 시작하사 아델리노의 걱정은 쓸데없는 걱정이었다. 상대팀 선수들이 인간벽처럼 가로막자 크리스티아누는 비켜 갈 방법을 빨리 찾아야만 했다. 크리스티아누는 스텝오버step-over(일명 헛다리짚기 기술) 기술을 쓸 준비를 했다. 크리스티아누는 멈춤 동작 없이 눈 깜짝할 사이에 왼발을 공 위로 넘겼다가 오른발로도 똑같이 하고는 왼발로 공을 차서 수비수들의 벽을 피했다. 그렇게 해서 골대 앞에 혼자 있게 되자 가볍게 추가 골을 성공시켰다.

크리스티아누의 사촌인 누노Nuno는 방금 본 장면이 믿어지지 않았다. 누노는 길 건너에서 이 모든 장면을 지켜보았다. 그의 어린 사촌인 크리스티아누가 생전 본 적도 없는 기술을 보여주고 있었다. 그때 크리스티아누의 아버지 호세 디니스가 밖으로 나왔다.

"가자. 오늘 경기 있잖아." 호세 디니스가 누노에게 말했다.

"네." 누노는 이렇게 대답하면서도 크리스티아누에게서 눈을 떼지 못했다. 시합이 다시 시작되고 크리스티아누가 다시 상대방 선수에게서 공을 가로챘다. 누노는 자리에 선 채로 크리스티아누가 로켓처럼 수비수들을 뚫고 달려가는 모습을 보았다. "크리스티아누는요?"

"크리스티아누는 왜?" 호세 디니스가 물었다.

"크리스티아누도 우리랑 같이 뛸 수 있을 것 같아요. 안도리냐에서요!" 누노가 진지한 표정으로 말했다.

호세 디니스는 조카의 표정을 보고 농담이 아니라는 것을 알 수 있었다. "한 번 생각해보자." 두 사람은 안도리냐 구장 쪽으로 걸어가기 시작했다. 크리스티아누는 아버지와 사촌형이 가는 모습을 지켜보았다. 두 사람이 하는 말을 크리스티아누도 전부 다 들었다.

주말이 되자 누노는 더 이상 삼촌의 결정을 기다리고만 있을 수 없었다. 결국 누노는 크리스티아누의 집에 몰래 들어가 살금살금 기어서 크리스티아누가 자고 있는 방으로 갔다.

"야!"

크리스티아누는 꼼짝도 하지 않았다.

"야!" 누노가 이번에는 좀 더 크게 소리쳤다.

크리스티아누는 한쪽 눈만 깜빡거리며 떴지만 정신이 들지는 않은 듯했다.

"깬 거야?" 누노가 의아해하며 살짝 뒤로 물러섰다.

갑자기 크리스티아누가 깜짝 놀라면서 깨더니 소리를 지르기 시작하자 누노는 얼른 그의 입을 틀어막으며 속삭였다. "쉿!"

"뭐하는 거야, 누노?"

"한 시간 뒤에 경기가 있어. 구경하러 안 올래?"

크리스티아누의 눈이 커지더니 이불을 걷어차고 벌떡 일어섰다. 크리스티아누는 만화 캐릭터가 그려진 속옷을 입고 있었다. 누노는 터져 나오는 웃음을 삼켰다. "좋다는 걸로 알겠어."

크리스티아누는 잔뜩 흥분한 얼굴로 고개를 끄덕였다.

"좀 이따가 밖에서 만나자. 서둘러. 벌써 늦었단 말이야."

크리스티아누는 고개를 끄덕이고는 로켓처럼 빠르게 침대에서 나갔다.

CHAPTER 7

생애 첫 팀

안도리냐의 프란치스코 아폰소$^{Francisco\ Afonso}$ 코치는 크리스티아누의 대부인 페르낭과 호세 디니스와 함께 안도리냐 구장의 사이드라인에 서 있었다. 그들은 안도리냐의 유소년팀을 8살짜리 두 팀으로 나누었고 연습 경기가 한창 진행되고 있었다. 그때 6살의 크리스티아누가 도착했다.

누노는 그라운드에서 골을 향해 온 몸을 내던졌다. 크리스티아누는 정말로 그라운드로 달려가고 싶었고 온 몸이 들썩거릴 정도로 가슴이 터질 것만 같았다. 그곳은 길거리가 아니라 잔디가 깔린 진짜 축구장이었고, 쓰레기통이나 자동차 타이어가 아니라 진짜 수비수들을 피해서 달릴 수 있었다. 크리스티아누는 사촌 누노를 보고 흥분을 감추지 못하고 펄쩍 뛰며 환호성을 질 렀다.

누노는 골을 넣고 관중석에 있는 크리스티아누를 보고 손을 흔들었다. 마치 장난감 상자를 열면 튀어나오는 인형처럼 위 아래로 마구 뛰는 크리스티아누의 모습에 웃음이 났다.

크리스티아누의 아버지와 누노가 쉬는 시간에 크리스티아누를 불렀다. "크리스티아누, 너도 누노랑 같이 연습하고 싶으냐?" 아버지가 물었다.

크리스티아누는 심장이 쿵쾅거렸다. 다들 자신보다 나이가 많았지만 이제는 익숙한 일이었다. 아니, 오히려 자신과 같은 또래의 아이들과 축구를 해본 적이 한 번도 없었다. 크리스티아누는 너무 좋아서 자신도 모르게 관중석이 떠나갈 듯 크게 소리쳤다. "네!" 몸은 벌써부터 들썩이고 있었다.

누노가 사촌의 어깨를 툭 쳤다. "이제 그만 진정해."

"정말 괜찮은 거죠?" 크리스티아누가 아버지에게 묻고는 신나게 그라운드로 달려갔다. 다른 선수들도 크리스티아누에게 오라고 손짓을 했다. 대부 페르낭은 크리스티아누가 팀에 합류하는 모습을 유심히 지켜보았다.

다시 연습 경기가 재개되었다.

크리스티아누는 엄마가 막 도착해서 유소년팀의 감독인 알바로 밀류Alvaro Milho 옆에 앉아 있는 모습을 보았다.

크리스티아누는 측면에서 번개처럼 빠르게 수비수들을 피해 달려갔고 공은 발에서 떨어지지 않았다. 마지막 수비수가 태클을 하려고 했지만 크리스티아누는 잠깐 동안 가만히 서서 수비수를 쳐다보더니 다리 사이로 공을 굴려 반대쪽에서 잡으며 완벽한 넛메그nutmeg 기술을 선보이더니 골대를 향해 달렸다.

골키퍼와 1대 1 상황에서 크리스티아누는 완벽한 자세로 공을 힘차게 찼고, 낮게 날아간 공이 골포스트 먼 쪽으로 들어갔다. '좋았어!' 크리스티아누는 골키퍼를 이긴 것 같아 기분이 좋았다!

크리스티아누는 재빨리 관중석 쪽을 보았다. 엄마와 밀류 감독이 웃어 보였다. 같은 팀 선수들도 달려와 크리스티아누를 얼싸안고 그라운드에서 뒹굴었다. 누노가 다가와서 손을 내밀어 사촌동생을 일으켜 세웠다. "잘했어! 정말 잘했어!"

경기의 나머지도 비슷했다. 크리스티아누는 2골을 더 넣었고 해트트릭을 기록하자 밀류 감독이 호세 디니스와 페르낭, 그리고 프란치스코 아폰소 유소년팀 코치를 불렀다. "저 녀석 굉장한 걸!" 밀류 감독이 호세 디니스에게 말했다.

"우리 팀으로 데려와야겠어!"

CHAPTER 8

승부욕

크리스티아누는 엉덩이를 하늘로 향한 채 엎드려서 두 팔을 비행기처럼 양옆으로 벌리고 자고 있었다. 이불은 터번처럼 머리에 둘둘 말려 있었다. 그때 밖에서 차 한 대가 와서 멈추었다. 그 소리에 크리스티아누는 몸을 뒤척였다. 문이 요란하게 열리고 발자국 소리가 들렸다. 크리스티아누는 잠결에 거인이 집에 쳐들어온 줄 알았다.

밀류 감독이 방으로 들어와 7살짜리 크리스티아누가 괴상한 자세로 잠들어 있는 모습을 보고는 고함을 질렀다. "일어나!" 그 소리에 크리스티아누는 마치 감전이라도 된 고양이처럼 자리에서 벌떡 일어났다.

밀류 감독은 의자에 놓여 있던 물병을 들고는 크리스티아누의 머리에 뿌렸다.

잠이 확 깬 크리스티아누가 깜짝 놀라 소리쳤다. "도와주세요! 물에 빠졌어요!" 물이 뚝뚝 떨어지며 눈을 깜빡이자 밀류 감독의 모습이 보였다. 크리스티아누는 다시 이불 속으로 뛰어들려고 했지만 밀류 감독이 목덜미를 잡아챘다. "그건 안 되지!" 그는 크리스티아누를 바짝 잡아당겼다.

"놔주세요! 놔주세요!" 크리스티아누는 빠져나가려고 발버둥쳤다.

"시합에 늦겠다! 다들 기다리고 있단 말이다!"

그 말을 듣자마자 크리스티아누는 쏜살같이 화장실로 달려갔다.

"1분 안에 준비하겠습니다, 감독님!"

밀류 감독은 미소를 지었다.

크리스티아누는 사이드라인을 따라 공격했다. 상대팀은 크리스티아누를 따라잡지 못했다. 크리스티아누는 사이드라인을 따라 달릴 때 얼굴에 와 닿는 바람의 느낌을 좋아했다.

프란치스코 아폰소 고치는 사이드라인에서 크리스티아누를

지켜보았다. 또래 아이들보다 훨씬 키가 큰 크리스티아누는 머리가 또래들보다 삐죽 나왔다. 7살이라고는 믿을 수 없을 만큼 스피드가 굉장히 빨랐다. 아무도 따라 잡을 수가 없어서 '작은 꿀벌'이라는 별명까지 붙었다.

카마샤Camacha FC의 선수들이 푼샬의 동쪽으로 몇 킬로미터 떨어진 작은 산동네에서 버스를 타고 왔다. 아폰소 코치는 관중석에서 크리스티아누의 엄마가 밀류 감독 옆에 앉아 있는 모습을 보았다. 그런데 거기에는 안도리냐의 루이 산토스Rui Santos 회장도 같이 앉아 있었다. 아폰소 코치는 깜짝 놀랐다. 루이 산토스 회장은 유소년팀의 경기를 보러 오는 일이 거의 없었기 때문이다. 게다가 안도리냐의 유소년팀은 크리스티아누가 모든 경기에 출전하는데도 불구하고 최근 성적이 매우 좋지 않았다. 그래서 크리스티아누가 팀을 떠나려고 한다는 소문이 돌았다. 산토스 회장은 크리스티아누를 잡아두려고 온 것이었다.

아폰소 코치는 크리스티아누의 아버지가 장비실 옆에서 스트레칭을 하고 있는 모습을 보았다. 크리스티아누는 관중석으로 가더니 그늘가에 서서 경기를 보기 시작했다. 아버지가 아들을 발견하고는 급하게 달려왔다. "여기서 뭐하니, 크리스티아누? 그라운드로 나가야지."

"아빠, 저 안 뛸래요." 크리스티아누가 불쑥 내뱉었다.

"무슨 소리야, 네가 꼭 있어야 해." 아버지가 크리스티아누의 어깨를 잡았다. 그는 아들의 표정을 보고 심각한 상황이라는 것을 알았다. "지금까지 한 경기도 빠지지 않았잖니. 아플 때도."

크리스티아누는 한참 있다가 입을 열었다. "하지만 항상 지는 걸요." 크리스티아누의 볼 위로 눈물이 흐르기 시작했다. "이젠 지고 싶지 않아요."

아버지는 아들의 표정을 살피며 무슨 말을 해줘야 할지 고민했다. "하지만 너희 팀은 네가 없으면 잘할 수가 없잖아. 아빠가 어떤 사람이 약한 사람이라고 했지?"

"포기하는 사람은 약한 사람이라고요."

"그래. 포기하면 안 돼."

크리스티아누도 아버지의 말이 맞다는 것을 알고 있었다. 하지만 같은 팀의 선수들이 경기 도중에 저지르는 실수를 생각하면 화가 났다. 물론 이 팀을 떠난다고 문제가 해결되진 않을 것이다. 실수는 언제 어디서나 나올 수 있고 선수들의 잘못도 아니다. 하지만 이건 마데이라의 길거리 축구와는 달랐다. 실수를 하면 경기에서 진다. 크리스티아누는 동료들을 도와줘야만 했다.

"아빠 말이 맞아요." 크리스티아누는 그라운드로 달려가 자신의 자리에 섰다. 크리스티아누는 들어가자마자 곧바로 공을 잡았다. 카마초 선수들은 양발로 잽싸게 드리블을 하면서 자신들을 뚫고 나아가는 크리스티아누를 보며 어안이 벙벙할 뿐이었다. 크리스티아누는 골대 바로 앞에 혼자 서 있는 공격수에게 공을 패스했지만 골은 골포스트 위로 빗나가고 말았다. 아니나 다를까 반격의 기회를 잡은 카마초가 골을 성공시켰다.

크리스티아누는 너무나 화가 나서 눈물이 나오려는 것을 참았다. 하지만 지금 이 순간 이것보다 끔찍한 실수는 없을 거라고 생각하니 더 이상 눈물을 참을 수가 없었다.

관중석에서 돌로레스와 루이 산토스 회장이 자리에서 일어났다. 그들은 크리스티아누를 골똘히 쳐다보았다. "뭐 하는 거죠?" 루이 산토스 회장이 물었다.

"울고 있네요." 돌로레스가 말했다.

"운다고요?"

돌로레스는 고개를 끄덕이며 약간 부끄러운 생각이 들었다.

전반전이 끝났고 크리스티아누의 활약에도 안도리냐는 2대 0

으로 지고 있었다.

　루이 산도스 회장은 사리에서 일어나 그라운드에서 나오는 크리스티아누에게로 걸어갔다.

　"크리스티아누."

　"네." 크리스티아누는 소매로 얼굴을 닦았다.

　"왜 우는 거냐?"

　크리스티아누는 산토스 회장을 알아보고 깜짝 놀랐다. "우리 팀이 지고 있어서 화가 나서요."

　"하지만 아직 후반전이 남았고 두 골 차이밖에 안 나잖니. 아직 이길 기회는 얼마든지 있어."

　루이 산토스 회장은 그렇게 말하고서야 크리스티아누가 무슨 뜻으로 말한 것인지 깨달았다. "잠깐. 다른 선수들 때문이구나, 그렇지? 다른 선수들은 너의 절반만큼도 못하니까."

　"네. 그래서 화가 나요."

　"다른 선수들한테?"

　"아뇨. 저 자신에게요. 다른 선수들에게 화가 나는 제 자신에게 화가 나요."

　루이 산토스 회장은 크리스티아누를 보며 미소 지었다. "무슨 뜻인지 알 것 같구나."

크리스티아누는 자신의 마음을 헤아려준 산토스 회장을 잠시 쳐다보다가 고개를 끄덕이고는 눈물을 닦고 후반전을 준비하는 선수들이 있는 곳으로 뛰어갔다. 후반전을 알리는 휘슬 소리가 울리자마자 크리스티아누는 마치 적진을 뚫고 나아가는 장군처럼 홀로 멋지게 드리블을 하면서 돌진했다. 그렇게 혼자 상대 수비수들을 전부 따돌리고 골대의 오른쪽 위쪽으로 슛을 날렸다.

루이 산토스 회장은 감탄하며 자리에서 벌떡 일어섰다.

선수들과 얼싸안고 기뻐하던 크리스티아누는 관중석에 있는 엄마를 보고 웃으며 손가락 하나를 높이 들었다. 이후 크리스티아누는 2골을 더 넣었고 결국 안도리냐가 승리했다.

CHAPTER 9

나시오날, 그리고 독단직 플레이

크리스티아누의 집에 대부 페르낭이 다시 찾아왔다. 페르낭은 작년에 안도리냐를 떠나 나시오날의 스카우터로 갔는데 중책을 맡고 찾아온 것이었다.

"보고 싶었네, 페르낭." 호세 디니스가 이렇게 말하며 오랜 친구를 감싸 안았다. "나시오날에서는 어때?"

돌로레스와 호세 디니스, 페르낭은 안방에 가서 앉았다. 페르낭은 약간 긴장한듯 말했다. "괜찮네. 내가 왜 왔는지는 알지 않는가."

"그래. 페르낭, 내가 자네를 얼마나 아끼는지 자네도 잘 알거야. 하지만 이 일은 기절하겠네. 크리스티아누가 더 큰 팀으로 옮긴다면 당연히 우리 마리티무여야 해."

"그건 절대로 안 돼요." 나시오날을 응원하는 돌로레스가 말했다. 돌로레스는 마리티무의 초록색과 빨간색으로 된 유니폼은 절대로 참아줄 수가 없었다.

"마리티무의 스카우터가 어제 안도리냐에 왔었네. 그가 회장하고 만났어."

페르낭은 한숨을 내쉬었다. "크리스티아누하고 얘기를 해보지. 그 애 생각이 궁금해."

잠시 후 크리스티아누가 공을 들고 나타났다. 크리스티아누는 오랜만에 만난 대부를 보고 무척 반가워했다.

"저를 나시오날로 데려가시려고요?" 크리스티아누가 들떠서 물었다.

"그럴 수도 있지. 하지만 마리티무에서도 널 데려가고 싶어 해. 엄마랑 아버지는 절대로 결정을 못 내릴 거야. 둘 다 서로의 팀을 너무 좋아하니까 말이야. 네가 결정을 내려야 해." 페르낭이 말했다.

돌로레스와 호세 디니스도 페르낭의 말이 맞다고 생각하고 막내아들을 바라보았다.

"넌 어떻게 하고 싶니, 크리스티아누? 어느 팀에 들어가고 싶이?" 페르닝이 물었다.

"저를 더 원하는 팀에 갈 거예요."

모두들 한동안 아무 말도 하지 못했다.

"그래. 이제부터는 나시오날의 스카우터가 아니라 네 대부로서 말하마." 페르낭은 크리스티아누의 부모에게로 시선을 돌렸다. "두 팀 모두 만나보고 어느 팀이 크리스티아누를 더 원하는지 알아보도록 하지. 어떤가?"

돌로레스와 호세 디니스는 서로를 쳐다보았다. 페르낭은 항상 현명해서 믿을 수 있는 친구였다.

돌로레스는 미소를 지었고 호세 디니스도 동의의 뜻으로 고개를 끄덕였다.

"모두에게 윈윈이지." 페르낭이 말했다.

크리스티아누는 미소를 지었다. 자신이 좋아하는 '윈'이라는 단어를 대부가 두 번이나 말했기 때문이었다.

크리스티아누는 부모님과 함께 푼샬 마리나에서 가장 좋은 레스토랑에서 안도리냐의 루이 산토스 회장과 동석했다. 크리스티아누는 맛있는 음식 냄새에 정신을 차릴 수가 없었다. 산동네인 퀸타 팔카오에서 항상 저 아래를 내려다보며 맡았던 익숙한 냄새였다. 직접 와서 맡아보니 더욱 좋게 느껴졌다. 메뉴에 있는 음식이 전부 맛있어 보여서 크리스티아누는 무척 기대가 되었다.

"뭐 먹을래, 크리스티아누?" 루이 산토스 회장이 물었다.

"전부 다요. 우선 바칼라오 먼저 먹을래요. 생선이 꼭 들어가야 돼요."

몇 분 후 나시오날의 루이 알베스Rui Alves 회장이 페르낭과 함께 도착했다. 루이 알베스 회장은 크리스티아누 옆에 앉고 싶어 했다.

"마리티무 관계자들은 어디 있지?" 산토스 회장이 테이블을 둘러보며 물었다.

루이 알베스 회장이 메뉴판을 집어 들었다. "마리티무에서는 막판에 마음을 바꿨습니다. 방금 통화했거든요. 더 중요한 일이 있다면서."

"뭐라고요? 마리티무에서 우리를 바람맞히다니!" 호세 디니스는 실망한 빛이 역력했다.

"아, 그게 말이야, 마리티무는 브라질 선수를 스카우트하러 갔네." 페르낭은 이렇게 말하고 물을 마셨다.

"마리티무에선 제가 필요 없대요?" 크리스티아누가 물었다.

루이 알베스 회장은 기쁨을 감출 수가 없었다. "그럴지도 모르겠구나, 크리스티아누. 하지만 우리 나시오날은 널 스카우트하고 싶단다."

크리스티아누는 웃어 보였다. 엄마의 표정이 너무도 행복해 보였다. 비록 마리티무는 포기했지만 크리스티아누를 더 간절히 원하는 나시오날은 약속 장소에 나타났으니까.

루이 알베스 회장은 환하게 웃었다. 다음 날 아침 그는 크리스티아누 호날두와 계약을 하기로 했다. 이제 크리스티아누 호날두의 인생은 완전히 바뀔 터였다.

크리스티아누는 대부로부터 CD 나시오날에서 자신이 너무 말랐다고 이야기했다는 걸 듣고는 첫 연습 때 2킬로그램을 찌워서 갔다. 이를 위해 크리스티아누는 눈에 보이는 대로 먹었다. 채소도 마찬가지였다. 크리스티아누는 첫 연습 경기에서 시작 15초 만에 첫 골을 넣었다. 골을 넣은 후 경기를 이어가기 위해 달려가려는데 탈히냐스Talhinhas 코치가 불렀다. "네 플레이가 마음에 든다만 공을 패스하도록 해. 너 혼자 다 할 필요는 없어."

크리스티아누가 미드필더로 뛴 첫 세 경기에서 나시오날은 손쉽게 승리를 따냈다. 크리스티아누는 가장 많은 득점을 올리기는 했지만 패스하지 않고 공을 혼자 차지하는 면도 있었다. 같은 팀 선수들은 승리를 원하긴 했지만 크리스티아누의 이런 면을 좋아하지 않았다. 게다가 크리스티아누는 지는 것을 엄청 싫어해서 질 때마다 눈물을 참지 못했다. 그래서 크리스티아누에게는 '울보'라는 별명이 생겼다.

크리스티아누가 나시오날에서 맞이한 두 번째이자 마지막 시즌은 나시오날의 최고 전성기였다. 9살의 크리스티아누는 나시오날이 유스 리그에서 우승하도록 이끌었다.

돌로레스와 호세 디니스는 시상식이 끝난 후 아들을 사이에 두고 주차장으로 걸어갔다. 페르낭은 주차장에서 그들을 기다리고 있었다.

엄마는 크리스티아누의 이마에 키스를 했고 아버지는 그 어느 때보다 꽉 껴안아주었다. "페르낭하고 가보렴. 이따 집에서 보자꾸나." 아버지는 이렇게 말하고 아내의 손을 잡고 차로 갔다. 크리스티아누는 부모님이 가는 모습을 지켜보고는 페르낭 쪽으로 고개를 돌렸다.

"우승 축하한다, 크리스티아누." 페르낭이 조수석 문을 열어주며 말했다. 크리스티아누가 차 안으로 들어가자 페르낭이 시동을 걸었다.

"얘기 좀 하자."

"네." 크리스티아누가 걱정스러운 듯 대답했다.

"난 네가 왜 패스를 하지 않는지 알아." 페르낭이 단도직입적으로 말했다.

"그 얘긴 이미 팀하고 했잖아요! 이기기 위해서 그러기로 한 거예요!" 크리스티아누가 소리쳤다.

"다른 선수들도 너만큼이나 이기기를 바란다. 하지만 나시오날의 유소년팀에서 통한다고 더 크고 잘하는 팀에서도 통하는 게 아니야. 설마 평생 나시오날에서 뛸 건 아니겠지?"

"아뇨! 전 레알 마드리드에서 뛰고 싶어요!"

페르낭이 웃음을 터뜨렸다. "그건 모든 선수의 꿈이지! 하지만 넌 레알 마드리드에 들어가지 못할 거야."

"누가 그래요?" 크리스티아누가 눈을 반짝이며 응수했다.

페르낭이 또 웃음을 터뜨렸다. "지금 그 의지를 잊지 마라!"

페르낭은 주차장을 벗어나 퀸타 팔카오로 이어지는 오르막길로 향했다.

몇 분간 침묵이 이어지다가 페르낭이 입을 열었다. "너한테 물어볼 게 있다."

창문을 바라보던 크리스티아누가 고개를 돌렸다. "네."

"넌 위대한 선수가 되고 싶으냐?"

"당연하죠."

"위대한 선수가 어떤 선수인지 알아?"

"위대한 플레이를 하는 거예요."

"그래. 위대한 플레이도 중요하지. 하지만 말이다, 축구는 팀 스포츠야. 그걸 이해하지 못하면 축구를 이해할 수가 없어. 위대한 선수가 되고 싶으면 같은 팀 선수들이 위대한 플레이를 할 수 있게 도와줘야 해."

페르낭은 크리스티아누의 집 앞에서 차를 멈추었다.

크리스티아누의 눈에는 눈물이 그렁그렁 맺혀 있었다. "저 혼자만을 위해서 이기려는 게 아니에요. 팀을 위해서 이기려는 거라고요!"

"나도 안다, 크리스티아누. 잘 생각해보렴."

"네." 페르낭은 크리스티아누의 진지한 표정을 보면서 배움을

갈망하고 있다는 사실을 느낄 수 있었다.

페르낭은 크리스티아누에게 엄청난 잠재력이 있다고 생각했다. 의지력 또한 마찬가지였다. 제대로 된 환경과 제대로 된 팀을 만난다면 그 재능이 절제력과 훌륭한 마인드로 발전할 수 있을 것 같았다.

페르낭은 크리스티아누를 내려주고 곧바로 집으로 가서 오래전부터 하고자 했던 전화 한통을 걸었다. 치안 판사이자 푼샬의 스포르팅 리스본 클럽의 회장인 오랜 친구 주앙 마르케스 프레이타스Joao Marques de Freitas에게 전화를 건 것이었다. 페르낭은 딱 한마디만 했고 프레이타스는 무슨 뜻인지 곧바로 알아들었다.

"크리스티아누는 이제 준비가 됐네."

CHAPTER 10

마데이라 섬을 떠나 리스본으로

크리스티아누는 그 남자를 처음 봤을 때 누군지 알지 못했다. 나중에 엘마 누나가 스포르팅 리스본의 관계자로부터 전화가 왔었다고 이야기를 해주고서야 누구인지 알게 되었다.

파울로 카르도소Paolo Cardoso는 예고도 없이 갑자기 마데이라 섬으로 왔다. 그는 퀸타 팔카오에 사는 소년을 직접 보기 위해 온 것이었다. 소년의 가족이나 자신과도 잘 아는 사이인 페르낭 없이 혼자 조용히 소년의 플레이를 보기 위해서였다. 그는 관중석에 앉아 중앙 미드필드에서 펄펄 나는 소년을 지켜보면서 메모를 했다. 경기가 끝나자마자 그는 관중석을 몇 줄 내려가 페르낭과 호세 디니스, 돌로레스, 엘마, 크리스티아누가 앉아 있는 곳으로 갔다.

그를 알아본 페르낭이 자리에서 일어나 악수를 청했다. "파올로, 마데이라 섬에 와있는 줄 몰랐네!"

카르도소는 페르낭 옆에 앉았다. "몰래 왔지."

"자네 생각을 물어보지 않아도 되겠지." 페르낭이 말했다.

카르도소는 페르낭과 호세 디니스, 돌로레스, 그리고 아이들에게로 차례로 시선을 옮겼다. "이 훌륭한 선수에게 입단 테스트를 해보고 싶군요."

"테스트라니요? 어느 팀에서 나오셨나요?" 호세 디니스가 물었다.

"리스본입니다. 사흘만 시간을 내주시면 됩니다."

"맙소사. 스포르팅 리스본이라고요? 내가 꿈을 꾸는 건가요?" 돌로레스는 남편의 손을 꽉 잡았다.

카르도소가 예의를 갖추며 미소를 지었다. "아주 재미있을 겁니다."

그 날 저녁 크리스티아누의 가족과 페르낭은 스포르팅 리스본 관계자와 함께 요트 선착장에서 식사를 했다. 크리스티아누는 축구공도 가져갔다. 그 레스토랑은 푼샬에서 가장 좋은 호텔에 있었고 크리스티아누는 스워드피시를 주문했다.

"우리 크리스티아누는 아직 11살밖에 안 됐어요. 마데이라 섬을 떠난 적이 한 번도 없습니다. 저는 같이 갈 형편이 안 되고요." 아버지가 말했다.

돌레스가 남편의 손등을 탁 쳤다. "여보, 당신더러 가라고 안 해요. 내가 대신 가겠어요. 어차피 당신은 스포르팅을 좋아하지도 않잖아요."

모두가 웃음을 터뜨렸다.

"앞으로 계속 마데이라 섬에 있으면 프로 선수가 되기 위해 필요한 훈련을 받을 수 없을 거야." 페르낭이 말했다.

크리스티아누는 몇 년이 지난 후에도 그 날 저녁을 기억했다. 당시 크리스티아누는 스포르팅에서 뛰고 싶었고, 자신의 삶이 얼마나 나빠질지는 전혀 예상하지 못했다. 그저 꿈이 눈앞으로 바짝 다가왔다는 생각만 들뿐이었다.

"다시 말씀드리지만 테스트입니다. 스카우트되리라는 보장은 없습니다." 카르도소가 말했다.

"걱정 안 해요. 합격할 자신 있어요." 크리스티아누가 말했다.

잠시 정적이 흘렀다.

"자신감이 마음에 드는구나. 친구도 많을 것 같은데 가장 친한 친구가 누구지?" 카르도소가 물었다.

크리스티아누는 그 질문의 답에 생각을 할 필요도 없이 다리 사이에 놓인 축구공을 들어서 보여주었다. "이게 가장 친한 친구에요."

모두가 웃음을 터뜨렸다.

"아, 깜빡할 뻔했군. 자네도 같이 가는 거야." 카르도소가 페르낭에게 말했다. "그리고 어머님하고요. 크리스티아누가 아카데미에 들어가면 다들 집으로 돌아가셔도 되고요."

페르낭은 잠깐 생각하더니 어깨를 으쓱했다. "그렇게 하지. 휴가를 내면 되니까."

며칠 후 크리스티아누는 비행기 좌석에 앉아 손가락이 하얗게 될 정도로 팔걸이를 꽉 움켜쥐었다. 비행기의 엔진이 점화되었고 푼샬 공항에서 이륙했다. 크리스티아누가 창밖을 내다보니 눈 깜짝할 사이에 비행기가 슝 하고 날아올라 저 아래로 화산이 보였다. 너무 높이 올라와 있어서 저 아래 풍경이 진짜가 아니라 그림처럼 느껴졌다. 비행기는 동쪽으로 방향을 바꾸고 섬 위를 빙 돌더니 포르투갈 본토로 향했다. 크리스티아누는 자신이 태어난 섬을 이렇게 하늘 위에서 본 적이 한 번도 없었다. 섬은 진한 파란색의 대서양으로 둘러싸여 있었다.

"어제 푹 잤니?"

"아뇨, 엄마." 크리스티아누는 엄마에게 기대어 눈을 감았다. 페르낭은 통로 옆자리에 앉아 축구 잡지를 읽고 있었다.

1시간 40분 동안 비행기를 타고 내린 후에는 지하철을 타고 이동해 스포르팅 리스본의 유소년팀 훈련장이 있는 조제 알발라드José Alvalade 경기장 근처의 캄포 그란데 역에 내렸다. 지하철역 밖으로 나가자 한쪽에는 조제 알발라드 경기장이, 또 다른 쪽에는 훈련장이 나타났다. 영상 23도에 살랑바람이 부는 완벽한 날씨였다. 부활절이 다가오고 있어 이곳저곳에 부활절 장식이 보였다. 때는 1996년이었다.

돌로레스는 아들의 어깨에 팔을 올렸다. 섬을 떠나온 것이 처음이라 긴장하고 있다는 사실을 알 수 있었다. 그녀는 아들의 눈을 보면서 문득 이곳이 아들의 새로운 집이 되리라는 것을 직감할 수 있었다. 벌써 막내가 자신의 품을 떠날 날이 얼마 남지 않았던 것이다. "네가 벌써 이렇게 컸구나." 그녀는 아들에게 속삭였다.

"저도 벌써 11살이에요. 책임감을 가져야 해요." 크리스티아누기 자랑스럽게 말했다.

저 멀리 스포르팅 리스본의 훈련장에 둘러싸여 있는 웅장한 경기장의 모습이 드러났다. 그곳은 모든 것이 다 거대했다. 안도리냐에서는 다른 선수들보다 키가 훨씬 컸기에 다른 선수들을 압도했지만 이곳에서는 마치 난장이라도 된 것 같았고 꿈을 꾸는 것 같았다.

잠시 후 크리스티아누는 훈련장의 그라운드로 나갔다. 그라운드에는 파올로 카르도소 코치가 있었고, 오스발도 실바Osvaldo Silva 코치가 사이드라인에 서 있었다. 크리스티아누는 코치들이 자신에게 시선을 집중하리라는 것을 알았다. 주변을 둘러보니 멀리에 앉아 있는 엄마가 보여서 떨리는 마음이 조금 진정되었다. 조금씩 앞으로 나아가려고 할 때마다 그의 모든 동작을 지켜보는 어른들이 눈에 들어왔고 크리스티아누는 긴장이 되었다.

크리스티아누는 테스트가 시작되기 전에 다른 선수들과 나란히 섰다. 실바 코치가 눈을 가늘게 뜨고 크리스티아누를 쳐다보더니 "특별할 건 없군."이라고 말했다. 나시오날에서 뛰면서 몸무게도 늘리고 키도 빨리 자랐지만 이곳에서는 아무런 도움이 되지 않는 듯했다.

"플레이가 나올 때까지 기다려주세요." 페르낭이 한마디 했다.

카르도소는 친구를 보고 웃으며 등을 두드렸다. "자네를 여기에 함께 데려온 이유가 있다니까."

테스트가 시작되고 공이 움직이자마자 크리스티아누는 용감하게 뛰어들어 공을 차지했다. 크리스티아누는 공을 앞으로 몰며 힘차게 달렸다. 다른 선수가 달려들 때마다 오른쪽, 왼쪽으로 페이크 동작을 하면서 뚫고 나아갔다. 다른 선수들이 이러지도 저러지도 못하는 사이에 크리스티아누는 한 골을 넣었다.

오스발도 실바 코치는 그 모습을 보고는 앞으로 넘어질 뻔했다.

"좋아. 이제야 관심이 가는군." 실바 코치가 말했다.

"저 애는 다르다니까요." 카르도소가 고개를 끄덕이며 말했다. 그는 크리스티아누가 뛰는 모습을 볼수록 점점 더 흥분했다. "양발을 쓰는 걸 좀 보세요. 크리스티아누가 뛰는 걸 다시 보고 싶군요. 내일 다른 경기장에서요."

선수들이 그라운드에서 나왔고 크리스티아누는 선수들 한 가운데에 위풍당당한 장군처럼 서 있었다.

"너 정말 잘하더라!" 한 소년이 말했다.

"고마워."

"그런데 밀투가 좀 웃기다."

"아니거든. 네 말투가 웃겨. 난 마데이라 섬에서 왔어." 크리스티아누가 자랑스럽게 말했다.

스포르팅 리스본은 유소년 선수를 데려오기 위해 돈을 쓴 적이 한 번도 없었다. 하지만 천재 소년 크리스티아누 호날두를 영입하기 위해 나시오날에 27,000유로라는 큰 금액을 지불했다. 테스트에서 스포르팅 관계자들을 감탄시킨 크리스티아누에게는 매우 기쁜 소식이었다.

집으로 돌아온 크리스티아누와 가족들은 스포르팅과 계약을 한 사실에 모두 기뻐했다. 하지만 크리스티아누는 이 기쁜 순간이 곧 슬픔과 두려움으로 바뀔 줄은 꿈에도 몰랐다.

아버지는 크리스티아누에게 청천벽력과도 같은 소식을 전했다. 크리스티아누가 태어나 처음으로 가족과 떨어져 살아야만 한다는 소식이었다. 온 가족이 리스본으로 이사 할 형편이 되지 않아 크리스티아누만 가야 했다.

CHAPTER 11

울보 크리스티아누

1997년 8월, 크리스티아누는 홀로 스포르팅 리스본의 유소년팀 훈련장에 도착했다. 그는 겁에 잔뜩 질린 상태였다.

크리스티아누는 곧장 앞으로 살게 될 조제 알발라드 경기장 옆에 있는 기숙사로 향했다. 그리고 걱정스러운 표정으로 방을 살짝 엿보았다. 이층 침대가 두 개, 양쪽에서 사용할 수 있는 책상이 두 개, 옷장이 두 개였다. 방안에는 세 명의 소년이 있었다.

이층 침대 아래에 앉은 소년이 파비오 페레이라Fabio Ferreira였고, 그 위에는 호세 세메도Jose Semedo가 있었다. 옆의 이층 침대 아래에는 미구엘 파이샹Miguel Paixão이 있었다. 이층은 비어 있었다. 남은 침대 하나가 바로 크리스티아누의 것이었다. 크리스티아누는 적어도 한 침대에서 다 같이 자지 않으니 다행이라고 생각했다. 룸메이트들은 모두 테스트 때 본 아이들이었다. 다들 실력이 좋았다. 크리스티아누는 짐 가방을 내려놓았다.

그때 비행기가 이륙하는 소리가 들렸다.

"근처에 공항이 있거든." 파비오는 이렇게 말하고 크리스티아누에게 물었다. "넌 이름이 뭐야?"

"크리스티아누 호날두."

파비오는 잠시 뭔가 생각하는 듯하더니 "로니Ronnie가 더 나을 것 같은데."라고 했다.

"그래. 로니가 멋져." 호세도 거들었다.

크리스티아누는 상관없다고 생각했다. 어쨌든 '울보'라는 별명보다는 나으니까.

크리스티아누에게 가장 먼저 든 생각은 '탈출'이었다. 푼샬 공항에서 엄마와 아버지에게 키스를 하고 작별 인사를 할 때 부모님은 눈물을 흘렸다. 부모님이 소리 내어 울 때마다 크리스티아누도 울었다. 크리스티아누는 시간을 확인했다. 아직 엄마에게 전화하기에는 너무 이를까? 이곳에서 도망치려면 어떻게 해야 하지? 크리스티아누는 신장한 듯 손에 든 전화카드를 이리저리

만지작거리면서 머릿속으로 그라운드에서 도망칠 여러 가지 시나리오와 공항으로 간 다음 마데이라 섬으로 전화를 해서 누군가에게 제발 집으로 가는 비행기표를 사달라고 부탁해야겠다는 생각을 하고 있었다.

"그게 뭐야?" 미구엘이 물었다.

"전화카드."

"여기에선 전화할 시간이 별로 없어." 호세가 말했다.

"왜?"

"아침에 연습하고 10시부터 5시까지는 학교 수업을 듣고 또 연습을 하거든. 매일 그래."

"학교." 크리스티아누는 생각만 해도 싫었다. 하지만 페르낭이 스포르팅에서 학교 공부는 축구만큼이나 중요하다고 말했었다.

"여기 학교가 마음에 들 거야. 다들 친절하거든." 파비오가 말했다.

이틀 후, 크리스티아누는 반 아이들 앞에 섰다.

"너 말투가 웃긴다." 누군가 말하자 다들 웃음을 터뜨렸다.

파비오와 호세, 미구엘, 그리고 크리스티아누만 빼고.

"내 말투가 웃기다고? 난 '안녕?'이라고밖에 안 했는데? 그리고 수업에 늦어서 미안해."

반 전체가 또 웃음을 터뜨렸다.

"다들 조용히." 선생님이 책을 펼치며 이렇게 말했다.

크리스티아누는 속에서 화가 치밀어 올랐다. 그는 자신의 말투가 웃기다고 말한 아이들을 노려보았다. 마데이라 섬에서는 그렇게 남을 놀리는 말을 하면 흠씬 두들겨 맞았다. 크리스티아누는 당장 달려가서 그 아이들을 끌고 나와 단단히 손을 봐주고 싶었다. 생각만 해도 화가 나서 얼굴이 붉으락푸르락해졌다.

전학 와서 처음으로 아이들에게 인사를 한 것뿐인데 벌써부터 아이들이 다 자신을 싫어하는 듯했다.

"내 말투는 웃기지 않아. 난 마데이라 섬에서 왔어." 크리스티아누의 말에 또 반 전체가 웃었다. "뭐가 웃긴다는 거야? 마데이라 섬이 웃겨?"

"마데이라 섬은 멋진 곳이지. 웃긴 건 네 말투야!" 누군가의 말에 또 다들 웃음이 터졌다. 크리스티아누는 아이들의 지나친 행동을 더 이상 참을 수 없었다.

그때 누군가 뒤에서 다가오는 게 느껴졌다. 크리스티아누는 누군가 뒤에서 자신을 놀리러 다가오는 줄 알고 의자를 들고 홱 돌아섰다.

그 사람은 바로 선생님이었다.

갑자기 반 전체가 쥐 죽은 듯이 조용해졌다.

"그걸로 날 때릴 거니, 크리스티아누?"

크리스티아누는 깜짝 놀랐다. 천천히 의자를 내려놓았고 그다음에는 어떻게 해야 할지 알 수 없었다.

크리스티아누의 눈에 눈물이 맺혔다. 크리스티아누는 심호흡을 크게 하고는 교실을 뛰쳐나갔다.

빠르게 달리자 눈물이 뺨을 타고 뒤로 흘렀고 경기장에 도착할 때까지 쉬지 않고 뛰었다. 경기장에 도착한 크리스티아누는 벽에 기대어 태어나서 가장 서글프게 엉엉 울었다. 잠시 후, 몇 명의 아이들이 다가오는 소리가 들렸다. 그들은 웃으면서 이야기를 나누고 있었다. 크리스티아누는 재빨리 라커룸으로 달려가 안으로 들어갔다.

라커룸은 냄새가 나고 지저분했다. 여기저기 젖은 수건이 널브러져 있었다. 크리스티아누는 벤치에 앉아 진정하려고 애썼다. 어느 정도 진정이 되면 기숙사 방으로 돌아가 도망칠 생각이었다.

"보니! 수건 치우는 것 좀 도와주렴." 누군가가 말했다.

크리스티아누가 고개를 들어보니 카를로스 디아즈Carlos Diaz 코치가 들어오고 있었다. 크리스티아누는 다른 사람이 어지른 것을 함께 치우자고 하니 기가 막혔다. 디아즈 코치를 쳐다보면서 "전 스포르팅 리스본에서 뛰는 선수지 코치님의 심부름꾼이 아니에요!"라고 소리쳤다.

디아즈 코치는 수건을 줍다 말고 멈춰서 크리스티아누를 쳐다보았다.

"스포르팅에서는 모두 서로 도우면서 생활한다. 이렇게 어질러놓은 아이들이 지금 여기 없으니까 네가 해야지."

크리스티아누는 방금 한 말을 도로 주워 담고 싶었다. "죄송합니다. 학교에서 다들 절 놀렸어요. 말투가 웃기다고 무시하고. 제발 혼자 있고 싶어요."

디아즈 코치는 새로 온 선수를 가만히 바라보았다. "내가 널 무시한 아이들처럼 보이니?"

크리스티아누는 디아즈 코치의 눈을 바라보며 천천히 고개를 저었다.

"이곳에서는 말이다, 존중받고 싶으면 노력을 해야만 해. 코치의 말을 어기면 다음 경기에서 벤치 신세가 되지. 코치가 좋은 말로 부탁을 하는데 거절한다면 네가 코치를 무시하는 게 되는 거야." 디아즈 코치는 화가 난 듯 수건을 줍고는 밖으로 나가버렸다.

크리스티아누는 양손으로 얼굴을 감싸고 큰 소리로 엉엉 울었다. 그때 발소리가 들렸다.

"여기 있다고 해서 왔다." 카르도소 코치였다.

크리스티아누는 창피해서 바닥만 쳐다보았다.

카르도소가 옆에 앉았다. "널 놀린 건 애들이 잘못한 거야."

"집에 가고 싶어요."

카르도소는 한숨을 내쉬었다. "널 힘들게 하는 사람은 어딜 가든 있기 마련이야. 네가 어떻게 반응하느냐가 중요하지."

크리스티아누가 자리에서 일어섰다. "제가 제대로 행동하지 않은 것 같아요."

카르도소도 따라서 일어섰다. "이렇게 시작하는 거야. 너한테 일을 하나 맡기마."

"일이요?"

"일요일마다 볼보이를 해주렴. 1군팀 경기에서 말이야. 한 경기당 수고비가 5유로야."

크리스티아누는 방금 들은 말을 믿을 수 없었다. 어떤 책임을 맡게 되리라는 것은 알았지만 이렇게 빨리 올 줄은 몰랐다.

"그럼 난 이만 가봐야겠다. 너희 엄마를 리스본으로 모셔올 준비를 해야겠어."

"저희 엄마를요?"

"네가 없어서 많이 적적하신가 보더라. 엄마가 리스본에 잠깐 와 계시는 게 모두에게 좋을 것 같구나."

크리스티아누는 눈물을 참으며 말했다.

"감사합니다."

CHAPTER 12

섬 출신 촌놈에서 영웅으로

크리스티아누와 룸메이트 미구엘, 호세, 파비오는 1군팀 경기에서 볼보이를 하게 되었다. 하루는 시범 경기를 보고 있는데 크리스티아누가 라인 밖으로 나온 공을 받았고 스로인을 하기 위해 라인에서 기다리고 있는 스포르팅 1군의 미드필더에게 공을 던져 주었다. 그 미드필더는 공을 받고 스로인을 하기 전에 크리스티아누를 향해 윙크를 찡긋 하며 엄지를 치켜세웠다.

경기는 스포르팅의 승리로 끝났고 선수들이 경기장 밖으로 나오기 시작했다. 크리스티아누는 다른 볼보이들과 함께 일렬로 서서 손을 내밀었다. 선수들이 퇴장하면서 볼보이들의 손을 치고 갔다. 마지막 선수가 그라운드를 떠나자 볼보이들은 둥글게

모여 섰다.

"방금 이 손에 위대한 선수의 손이 닿았어." 크리스티아누가 오른손을 높이 들며 말했다.

다른 소년들이 웃음을 터뜨렸다.

"우리 돈을 다 합치면 얼마지? 여기 내 5유로야." 크리스티아누가 5유로짜리 지폐를 내밀었다. 다른 소년들도 돈을 냈다. 크리스티아누가 전부 모아서 돈을 셌다.

"이만하면 충분해. 가자."

소년들은 경기장에서 조금만 달려가면 되는 캄포 그란데 지하철역으로 갔고 초록색 노선을 타고 두 정거장을 가서 내렸다. 지하철역 밖으로 나가자 눈앞에 레스토랑의 화려한 네온사인이 펼쳐졌다. 크리스티아누는 그 자리에 멈춰 서서 친구들과 함께 놀라운 듯 네온사인을 바라보았다. 그때 빨간색 글씨로 크게 '피자'라고 쓰인 간판이 눈에 들어왔고 다들 쏜살같이 달려갔다. 소년들은 안으로 들어갔고 잠시 후 한 손에 피자를 한 조각씩 들고 우물거리면서 나왔다.

"지하철 막차가 언제지?" 한 명이 물었다.

"무슨 상관이야! 우린 걸어갈 건데." 크리스티아누가 말했다.

크리스티아누는 피자 한 조각을 잽싸게 해치우고 두 번째 조각을 먹기 시작했다.

경기장까지는 약 1.6 킬로미터 정도였고 어두컴컴한 나무 사이로 나 있는 2차선 도로를 따라 가야 했다. 소년들이 커브길을 도는 순간 갑자기 모퉁이에 숨어 있던 네 명의 불량배들이 튀어나와 길을 막아섰다. 그중 한 명이 던진 돌에 미구엘이 등을 맞았고 미구엘은 아파서 비명을 질렀다.

크리스티아누와 친구들이 뒤돌아서서 꼼짝도 못하는 동안 불량배 중 한 명이 다가왔다. 다들 막대와 돌을 들고 있었다. "너희들 돈 좀 있어 보인다. 다 내놔. 그럼 다치진 않을 거야." 그가 불량스럽게 말했다.

"어떡하지, 로니?" 파비오가 겁에 질린 채로 속삭였다.

"내 뒤로 가있어. 내가 알아서 할게." 크리스티아누는 파비오를 옆으로 밀치며 속삭였다.

친구들은 전부 크리스티아누의 뒤로 가서 섰다.

"돈이 필요해? 그럼 일을 해!" 크리스티아누가 불량배들에게 소리쳤다.

우두머리가 손가락으로 크리스티아누를 가리키자 불량배들이 막대를 휘두르며 스포르팅 리스본의 소년들을 향해 돌진했다.

"뛰어!" 크리스티아누가 친구들에게 소리쳤다.

세 소년은 경기장을 향해 달리기 시작했다.

크리스티아누는 제 자리에 서서 주먹을 쥐었다.

불량배들은 꿈쩍도 하지 않는 크리스티아누를 보고 멈추었다.

"너 머리가 어떻게 된 거 아냐?" 우두머리가 소리쳤다.

크리스티아누는 불량배들과 약 2미터 정도 떨어진 길 한가운데에 서 있었다. 4대 1이었다. 마데이라 섬의 길거리에서 축구를 하면서 이보다 더 심한 상황도 겪었던 크리스티아누였다. 그때 상대는 친구들이었다. "덤벼." 크리스티아누는 이를 갈면서 바닥에서 주먹만 한 돌을 집어 들었다.

우두머리는 움직이지 않았다. 불량배들은 서로를 쳐다보며 어떻게 해야 할지 고민하는 것처럼 보였다.

"됐다. 상대할 가치도 없어." 우두머리는 이렇게 말하고 뒤돌아서 걸어가기 시작했다. 나머지 불량배들도 말없이 뒤따랐다.

크리스티아누는 물러나는 불량배들을 보며 콧방귀를 뀌었다. 고작 불량배 몇 명 가지고 무서워할 크리스티아누가 아니었다. 크리스티아누는 불량배들이 어둠 속으로 완전히 사라져서 보이지 않을 때까지 지켜보다가 더 이상 따라오지 않으리라는 생각이 들자 기숙사로 발걸음을 옮겼다.

그 날 크리스티아누의 용감한 행동은 스포르팅 리스본 유소년 아카데미 전체로 퍼졌다. 그 후로 섬에서 온 크리스티아누의 말투를 놀리는 사람은 아무도 없었다.

CHAPTER 13

반항아의 후회

크리스티아누는 또 다시 수업 시간에 늦었다.

"크리스티아누, 지각을 밥 먹듯이 하는구나." 선생님이 말했다.

"선생님, 이따가 따로 말씀하시면 안 될까요?"

"아니. 너하고는 벌써 충분히 이야기를 했어. 그런데도 계속 지각이야. 얘기는 네가 아니라 다른 사람하고 해야 할 것 같구나. 수업 방해하지 말고 얼른 가서 앉아. 안 그러면 교실에서 나가라고 할 거야." 선생님은 뒤돌아 칠판에 포르투갈의 역사에 대해 적기 시작했다.

크리스티아누는 선생님의 뒷모습을 빤히 쳐다보았다. 크리스티아누도 화가 났다. 학교가 너무 싫었고 그만두고 싶었다. 학교

공부에 신경 쓸 시간이 없었다. 오로지 결승전에 대한 생각뿐이었다. 스포르팅은 이번 시즌에 우승 가능성이 있었다. 학교가 끝나고 기숙사 방에 돌아가 보니 엄마가 창가에 서 있었다. 돌로레스는 스포르팅에서 마련해준 숙소에서 지하철을 타고 온 참이었다.

"엄마." 크리스티아누는 그다지 신나지 않은 목소리로 엄마를 불렀다.

"얘기 좀 하자꾸나."

"학교 얘기라면 제가 설명 드릴게요."

"학교 얘기라니?" 엄마는 예기치 못한 반응에 놀라는 듯했다.

크리스티아누는 당황스러웠다. "학교가 별로 재미없어서요. 근데 무슨 이야기 하시려고요?"

돌로레스는 크리스티아누를 잠깐 살피다가 말을 이었다.

"네 형 휴고 일이야."

"형이 왜요?"

"요즘 문제가 있어. 나쁜 무리하고 어울렸어. 재활 센터에 보낼 수밖에 없었단다. 크리스티아누, 네 형은 도움이 필요해."

크리스티아누는 한숨을 쉬었다.

"다른 사람한테 듣지 않게 직접 말해주고 싶었어. 나쁜 소문은

금방 퍼지잖니." 돌로레스는 막내아들에게 이런 이야기를 하는 것이 불편했지만 크리스티아누도 가족에 관한 일을 알아야 한다고 생각했다. 크리스티아누가 집을 떠난 지도 어느 정도 되었기 때문이다. "우리 가족만 알아야 할 일이야."

크리스티아누는 힘들어하는 엄마를 꼭 껴안아주었다. "저도 알아요."

"넌 학교하고 축구에만 신경 쓰도록 하렴. 집안 문제는 엄마가 알아서 할게."

"네, 엄마. 근데 그 얘기 하러 오신 거예요?" 크리스티아누는 엄마가 다른 용건이 있다는 것을 짐작할 수 있었다.

돌로레스는 아들을 눈을 바라보았다. "아니." 그리고는 말을 잇는데 한참 뜸을 들였다. "내가 리스본에 있으면 남은 가족들을 보살필 수가 없어. 잠시 집에 돌아가야겠다."

크리스티아누는 표정을 드러내지 않으려고 했지만 엄마가 떠난다는 생각만으로 겁이 났다. 하지만 어쩔 수 없다는 것을 알기에 아무렇지 않은 척했다. "전 괜찮아요. 그리고 이번에 우리 팀이 챔피언십에 출전하게 돼요. 그리고 마리티무하고 붙게 됐어요."

"마리디무라고! 그럼 마데이라 섬에서 마리티무하고 경기를 한다는 말이니?" 엄마의 목소리에는 희망이 담겨 있었다.

"네. 분명히 우리가 이길 거예요. 정말 기대돼요. 제 걱정은 하지 마세요. 저도 곧 집으로 갈 테니까 우리가 아버지랑 형을 같이 돌볼 수 있어요."

돌로레스는 크리스티아누의 이마에 키스했다.

일주일 후 크리스티아누가 학교에 있을 때 마리티무와의 챔피언십 선발 명단이 곧 발표될 것이라는 소식이 들려왔다. 교실 전체가 들썩였다. 크리스티아누는 마리티무와의 경기에서 온 가족과 친구들이 관중석에 앉아 자신을 지켜보는 모습을 상상했다! '아빠, 죄송하지만 아빠가 제일 좋아하는 팀을 제가 이길 거예요.' 생각만 해도 행복했다. 퀸타 팔카오의 소년이 마치 금의환향하는 것이나 마찬가지였다. 꿈을 이루고서.

모든 소년들이 결승전 선발 명단이 붙어 있는 게시판으로 몰려들었다. 명단을 훑어보며 몇몇은 기뻐했고 몇몇은 실망한 표정이었다. 크리스티아누도 무리들 사이로 다가가자 친구들이 자리를 비켜주었다. 크리스티아누는 손가락을 대고 아래까지 한 명 한 명 쭉 읽어보았고 친구들의 이름이 전부 들어 있어서 기뻤다. 하지만 맨 끝까지 살폈는데도 자신의 이름은 보이지 않았다.

뭔가 잘못된 거라는 생각이 들었다. 주변의 친구들을 둘러보았지만 다들 눈을 마주치지 않으려고 했다. 크리스티아누는 명단을 다시 한 번 살폈다. 역시나 자신의 이름은 없었다.

"내 이름이 없어." 크리스티아누가 중얼거렸다.

다들 아무런 말이 없었다.

크리스티아누는 두 번이나 더 명단을 살폈지만 자신의 이름이 기적처럼 나타나는 일은 일어나지 않았다. 정말로 크리스티아누는 명단에서 빠져 있었다.

파비오가 옆으로 왔다. "뭔가 잘못된 게 분명해, 로니."

크리스티아누는 친구들의 얼굴을 하나씩 쳐다보았다. 그리고 뒤돌아 복도를 달려갔다. 우는 모습을 친구들에게 보이기 싫었다. 크리스티아누는 훈련장 사무실까지 달려갔다. 도착했을 때 아우렐리오 페레이라Aurelio Pereira 코치가 문가에 서 있었다.

"제 이름이 없어요! 뭔가 잘못된 게 분명해요!"

"아니야." 페레이라 코치가 차갑게 말했다.

"하지만 제가 제일 잘하잖아요. 그런데 어떻게 절 빼실 수 있어요?"

"쉬운 결정은 아니었다. 하지만 분명히 학교에 대해 경고했잖니. 넌 항상 지각하고 수업도 자주 빠졌어. 심지어 선생님에게 무례하게 굴고 교실 분위기도 해치고 있어. 코치들에게도 버릇없이 굴었지. 네가 학교생활에 소홀했고 그래서 명단에서 뺀 거야. 학교를 제대로 다니지 않으면 시합에 못 나가. 항상 말했잖니. 넌 우리와 함께 마데이라로 갈 수 없다."

"하지만 우리 가족이……"

"너희 가족들도 이미 알고 있어. 전화로 알렸거든. 이번 기회에 반성 좀 해봐." 페레이라 코치는 크리스티아누의 어깨를 두드렸다. 하지만 크리스티아누는 화가 나서 몸을 뺐다.

"돌아와서 얘기하자." 페레이라 코치는 사무실로 들어가 문을 닫았다.

크리스티아누는 뒤돌아 벽에 기대어 눈물을 흘렸다. 고향으로 가서 마리티무와 경기를 하는 꿈은 산산조각 나버렸다.

CHAPTER 14

심장수술

"스페인의 이슬람 정복이 시작된 게 몇 년도지?" 선생님이 물었다.

크리스티아누가 곧바로 손을 번쩍 들었다. 몇 달 전부터 자리도 맨 뒤에서 중간으로 옮겼다.

"그래, 로니?"

"서기 744년입니다."

"맞았어."

"좋아. 오늘 수업은 여기까지 하자." 선생님이 반 전체에게 말했다. "오늘은 신체검사 날이지. 양호실 앞에 벌써부터 줄이 기니까 오늘은 일찍 끝내주마." 아이들은 자리에서 일어나 교실 밖으로 나갔다.

양호실 앞에서 시작된 꼬불꼬불한 줄은 훈련장 근처까지 이어졌다. 크리스티아누는 맨 끝에 파비오 뒤에 섰다.

한 시간이 지난 뒤에야 양호실로 들어갈 수 있었다. 온통 하얗게 칠해진 양호실에는 서류함과 가운데에 놓인 진료 테이블밖에 없었다.

"테이블에 앉으렴." 간호사가 차트를 넘기며 말했다. "이름은?"

"저를 모르세요?" 크리스티아누가 농담을 했다.

"재미있구나." 간호사가 웃지 않고 말했다. "유명 스타니까 주사를 한 대 더 놔줄게."

"안 돼요!" 크리스티아누가 소리쳤다.

"이름?"

"크리스티아누 호날두 도스 산토스 아베이루입니다."

그제야 간호사가 웃으며 차트에 이름을 휘갈겨 쓰고는 크리스티아누의 팔에 혈압 측정 커프를 감고 혈압을 재기 시작했다. 간호사는 차트에 수치를 적고 주사기에 약을 넣고 있는 의사에게로 넘겼다. 의사는 차트를 보고는 주사기를 내려놓고 크리스티아누의 손목에 두 손가락을 대고 맥박을 쟀다. 잠시 후 의사가 손을 뗐고 간호사가 차트를 다시 건넸다. 의사는 거기에 뭐라고 적더니 기구로 크리스티아누의 팔을 재고는 또 뭔가를 적었다. "잘 크고 있구나." 의사가 마침내 입을 열었다. "넌 앞으로 키가 많이 클 거야."

"전 지금도 큰데요."

의사는 조용히 미소 짓고 크리스티아누의 차트에 뭔가를 적었다. "그런데 문제가 하나 있구나." 갑자기 의사가 말했다. "안정시 심박수가 너무 높아. 추가 검사를 더 해야겠다."

"너무 즐거워서 그런 거예요." 크리스티아누가 말했다.

간호사가 주사기 안의 공기를 뺀 후에 크리스티아누의 팔에 찔렀다.

"아야!"

"어때? 슈퍼스타." 간호사가 농담을 했다.

크리스티아누는 웃음을 지었고 간호사가 종이를 건네주었다.

"다음 주에 누군가가 널 시내로 데려갈 거야."

정말로 일주일 후 크리스티아누는 페레이라 코치의 차 뒷자리에 리오넬 폰테스Leonel Pontes 선생님과 스포르팅 팀 닥터와 함께 앉아 이런 서런 생각을 하고 있었다. 페레이라 코치는 리스본의 큰 도로로 차를 몰았다.

크리스티아누는 작은 베개를 베고 사진을 찍는 기계 속에 들어가 누웠다. "숨은 쉬어도 되지만 움직이면 안 된다." 검사 담당자가 이렇게 말하고 크리스티아누의 귀에 헤드폰을 끼워주었다.

"브라질 음악이면 좋겠어요." 크리스티아누가 헤드폰을 두드리며 말했다.

검사 담당자가 웃었다. "움직이지 말거라."

그는 조종실로 가서 무슨 버튼을 누르자 윙 소리와 함께 기계에 전원이 들어왔고 크리스티아누가 누운 테이블은 터널 안으로 천천히 들어가 발만 밖으로 삐죽 나왔다.

몸을 스캔하는 과정이 끝난 후 크리스티아누는 페레이라 코치와 폰테스 선생님, 스포르팅 팀 닥터와 함께 작은 회의실로 안내되었다. 크리스티아누는 자리에 앉아 잡지를 꺼내어 읽기 시작했다.

심장 전문의가 라이트 박스에 담긴 커다란 MRI 사진을 가지고 들어왔다. "아이를 데리고 오시길 잘했습니다. 여기 보이시죠?" 의사가 페레이라 코치에게 말하며 MRI 사진에서 까만 부분을 가리켰다. "이 부분에 문제가 있습니다. 아마도 선천적인 것 같아요."

크리스티아누는 잡지를 내려놓았다.

페레이라 코치가 자리에서 일어났다. "심각한가요?"

"심장 관련 문제는 언제나 심각합니다만 이 경우에는 고칠 수 있는 문제입니다. 수술날짜를 잡도록 하지요."

크리스티아누는 평소보다 심장이 빠르게 뛰는 것을 느꼈다. 그리고 진짜 아프다는 느낌도 들었다. "저 죽는 건가요? 겨우 15살밖에 안 됐는데!"

"오늘은 안 죽어. 그나저나 레이저 수술을 할 거야." 심장 전문의가 말했다.

"그 말을 들으니 더 아픈 것 같아요."

"계속 축구를 할 수 있을까요?" 페레이라 코치가 물었다.

의사는 한참 후에야 대답했다. "솔직히 장담은 못하겠습니다."

CHAPTER 15

첫 프로 계약

크리스티아누의 레이저 심장 수술은 성공적이었고, 일주일도 되지 않아 다시 그라운드로 돌아갈 수 있게 되자 크리스티아누는 안심했다. 2000년 새해를 앞둔 시점에서 우울한 출발이라고 생각했던 일이 오히려 축복이 되었다. 크리스티아누는 예전보다 더 튼튼해지고 더 빨라진 느낌이었다. 마치 속도가 두 배로 빨라진 것 같았다. 게다가 항상 에너지가 넘쳐흘렀다.

크리스티아누가 수술 후 첫 경기에서 뛰는 모습을 본 코칭스태프들은 감탄을 금치 못했다.

"기적이야. 크리스티아누 호날두는 기적이야!" 카르도소 코치가 관중석에서 보며 감탄했다.

그때 스포르팅의 아우구스토 이나시오Augusto Inácio 감독이 두 남자와 함께 왔다. FC 포르투FC Porto의 감독인 조세 무리뉴Jose Mourinho와 코치였다.

크리스티아누는 그라운드에서도 무리뉴를 알아보고 가슴이 뛰었다. 하지만 이내 진정하자고 생각했다.

"맙소사. 이제 아무나 막 들여보내는군." 카르도소가 이렇게 말하며 무리뉴에게 악수를 청했다.

"나도 그 말을 하려고 했지." 무리뉴는 친구를 보며 웃었다.

"포르투 감독이 여기엔 어쩐 일이지? 카르도소가 말했다.

"친구들이 그리워서 왔다네." 무리뉴는 농담 삼아 거짓말을 하고는 그라운드로 관심을 돌렸다. "농담이야. 자네의 15살짜리 선수를 보러 왔지."

이나시오가 무리뉴의 옆에 앉았다. "우리 로니 말이군."

크리스티아누는 믿을 수 없을 정도로 빠르게 달리며 그라운드를 누비고 있었다. 17살의 포워드 히카르두 콰레스마Ricardo Quaresma는 도저히 크리스티아누를 따라잡을 수 없었다.

"정말로 수술 전보다 빨라졌어. 과연 가능한 일인가?" 실바 코치가 말했다.

"과속 티켓을 받아야 하는 거 아닌가?" 페레이라 코치가 농담을 했다.

"따라 잡을 수가 없으니 안 될걸." 실바 코치가 받아쳤다.

코치들이 전부 웃음을 터뜨렸다. 원더 보이 크리스티아누는 그 어느 때보다 뛰어난 실력을 보여주고 있었다.

무리뉴가 코치의 귀에 대고 속삭였다. "마르코 판 바스턴Marco Van Basten의 아들이라고 해도 믿겠어."

"다 들었네. 하지만 아직은 못 데려가." 이나시오가 웃으며 말했다.

"누가 누굴 데려간다고 그러나? 난 옛 친구들과 함께 경기를 보러 온 것뿐이야. 날 초대한 걸 후회하는 건 아니겠지." 무리뉴가 또 농담을 했다. "자네들의 로니 선수는 정말 대단하군. 일 년 안에 1군으로 올라갈 거야."

"생선을 그렇게 많이 먹이는데도 아직 빼빼 말랐어. 저 상태로 U18팀에 들어가서 실력 발휘를 했다가는 덩치 좋은 선수들한테 된통 당할걸." 이나시오가 말했다.

"그럼 튼튼하게 만들어야지." 무리뉴가 말했다.

이나시오는 친구인 무리뉴의 조언을 받아들여 15살의 크리스티아누를 U16팀으로 보냈다. 그런데 2주도 되지 않아 크리스티아누는 이미 U17팀과 함께 경기를 했고 세 경기에서 엄청난 개인기를 선보이며 무려 8골을 기록했다. 공을 놓치지 않고 수비수들을 요리조리 피해 뚫고 나아가는 크리스티아누를 상대팀은 당해내지 못했다. 이나시오는 크리스티아누를 U17팀에 보내 U18팀과 시합을 벌였고 크리스티아누가 있는 U17팀이 이겼다. 다음 날 크리스티아누는 U18팀으로 올라갔다. U18팀은 성인팀의 예비 선수들로 이루어진 B군과 시합을 벌였다.

크리스티아누는 터치라인으로 빠른 걸음으로 걸어가 그라운드의 한 쪽을 차지했다.

U18팀 스트라이커는 믿을 수가 없었다. "야, ET! 너 어디 가는 거야?"

크리스티아누는 돌아서서 씩 웃었다. 새로운 별명이 마음에 들었다. 작은 꿀벌에서 울보, 그리고 로니, 이제는 ET였다. 외계인처럼 실력이 뛰어나다고 해서 동료들이 ET라는 별명을 붙여주었다. 크리스티아누에게는 기분 좋은 칭찬이었다.

"네 팀은 저쪽이잖아." U18팀의 스트라이커가 어린 팀 선수들이 있는 쪽을 가리켰다.

"아직 못 들었어? 내가 새로운 윙어야."

크리스티아누는 씩 웃어보이고는 그라운드에 자리를 잡았다. 그리고 엄청난 실력으로 2골을 기록하면서 팀을 승리로 이끌었고, 그가 있어야 할 곳은 여기라는 데에 이견을 갖는 사람은 없었다.

한 달 후 크리스티아누가 침대에 누워 FIFA 게임을 하고 있을 때 스포르팅의 직원이 와서 그의 가슴에 커다란 노란색 봉투를 올려놓았다. "월급날이다." 그는 이렇게만 말하고 가버렸다.

크리스티아누가 재빨리 봉투를 열어보니 에스쿠도(포르투갈의 화폐 단위) 지폐가 잔뜩 들어 있었다. 생각했던 것보다 많았고 얼른 지폐를 세어보았다.

크리스티아누는 곧바로 행정실로 찾아가 회계 담당자 방문을 노크를 하고 안으로 들어갔다. 회계 담당자는 커다란 계산기가 놓인 책상에 앉아 뭔가를 치고 있었다. "무슨 일이지?"

크리스티아누가 돈을 흔들었다. "280 유로도 넘게 들어 있어요!"

회계 담당자는 안경을 내려 코에 걸치고 한숨을 쉬었.

"이름이 뭐지?"

"크리스티아누 호날두에요. 그냥 ET라고 부르세요."

"아, 그래." 그녀는 마치 ET라는 별명을 대략 천 번은 들어봤다는 듯한 말투였다. 그녀는 커다란 장부를 펼치더니 페이지를 넘기다가 크리스티아누의 이름을 발견한 듯 멈추었다. "맞는 금액이야. 돈이 적게 들어갔다는 거니?"

"아뇨. 더 많이 주셨다고요."

"많이 줬다고 하는 사람은 처음인걸. 마지막 급여야. 올해 U16, U17, U18에서 뛰었지?"

"마지막 급여라고요?" 크리스티아누는 고개를 젓기 시작했다. "무슨 말인지 모르겠어요!"

공동 감독인 이나시오와 마누엘 페르난데스Manuel Fernandes가 들어와 회계 담당자 쪽으로 왔다. "듣자 하니 로니가 돈을 도로 주려고 한다지?" 그들은 밖에 있다가 모든 대화를 다 들었던 것이다.

"맞아요. 팀에서 돈을 너무 많이 줬다고 생각하는 것 같아요." 회계 담당자가 말했다.

"그게 아니에요. 그게 아니라 왜 이렇게 많이……"

"너 에이전트가 있지?"

"네. 하지만 그게 무슨 상관……"

"이젠 없어."

크리스티아누는 뒤통수를 맞은 기분이었다. 가슴이 철렁하고 얼굴이 뜨거워졌다. 이제 나쁜 일은 다 지나갔다고 생각했는데. 스포르팅하고도 끝이고 에이전트도 없다니.

"저 해고인가요?"

이나시오 감독은 서류함을 뒤지다 얼굴을 들고는 크리스티아누의 말을 생각하다가 페르난데스 감독과 함께 웃음을 터뜨렸다. "해고냐고? 그래, 넌 해고다. 이제 1군으로 가는 거지!" 그들은 계속 웃었다. 크리스티아누는 무슨 뜻인지 이해할 수 없었다.

"1군이라고요?"

"그리고 넌 새 에이전트가 필요해. 호르헤 멘데스Jorge Mendes한테 전화를 해 놨다."

크리스티아누는 숨을 삼켰다. 호르헤 멘데스라면 들어본 적이 있었다. 축구계 최고의 에이전트 중 한 명이었다.

"너하고는 계약 협상을 제대로 할 수가 없겠구나. 넌 싸게 팔려고 할 테니까." 이나시오 감독이 말했다.

"싸게 팔지 않을 거예요." 크리스티아누가 큰소리를 쳤다.

"그래? 그럼 왜 돈이 많다고 불평하러 온 거지?"

"그게 아니에요! 전 그냥······" 크리스티아누는 말을 멈추고 웃음을 시켰다.

"로니, 넌 내가 아는 가장 어른스러운 16살짜리다. 앞으로 1군에서도 같이 열심히 해보자꾸나. 축하한다, 로니." 이나시오 감독이 이렇게 말하며 악수를 청했다.

크리스티아누는 감독의 손을 잡았다. 처음에는 천천히 흔들다가 힘차게 흔들었다. 그러고는 다른 선수들하고 하듯이 코치를 얼싸안았다. 진정하려고 애쓰면서 코치의 눈을 쳐다보았다. 크리스티아누는 눈에 눈물이 맺혔지만 참으려고 애썼다.

이나시오 감독은 소년이 눈물을 참으려고 하는 것을 알 수 있었다. "맞아. 다들 널 울보라고 부르지?"

"네?" 크리스티아누는 놀라는 척했다. 하지만 이내 표정을 숨기지 못하고 웃음을 터뜨렸다. 그의 웃음에 이나시오와 페르난데스, 회계 담당자까지 모두 웃었다.

크리스티아누는 앞으로의 선수생활에 조언을 해줄 사람으로 유명 에이전트 호르헤 멘데스를 고용했다. 그리고 기숙사를 나가 리스본에 따로 아파트를 얻었다. 2001년 8월, 크리스티아누는 프로 선수로 첫 계약을 했다. 스포르팅 리스본과 4년 동안 매

달 2,000유로를 받고, 이적할 경우 2천만 유로를 받기로 하는 조건이었다. 그 후로 크리스티아누의 삶은 빠르게 변화하기 시작했다.

크리스티아누가 큰돈을 받고 가장 먼저 한 일은 집으로 보낸 것이었다. 형 휴고는 마약 재활센터에서 나왔지만 효과가 없었다. 크리스티아누는 형이 너무도 걱정되었다. 마데이라 섬의 의사들은 다른 재활치료를 받아보라고 권했다. 이번에는 크리스티아누가 비용을 책임졌다. 아버지도 알코올 중독 문제로 재활센터에 들어갔다. 크리스티아누는 제발 차도가 있기를 기도했다.

CHAPTER 16

알렉스 퍼거슨 감독의 눈

크리스티아누는 스포르팅과 맨체스터 유나이티드Manchester United의 친선 경기가 무척 기다려졌다. 2003년 여름에 새로 단장한 알쿠셋의 에스타디오 호세 알발라데Estadio Jose Alvalade 경기장 개장 기념 경기를 위해 맨유의 붉은 악마들이 리스본을 찾았다. 크리스티아누의 친구는 그 날 스카우터들이 잔뜩 있었는데 다들 크리스티아누를 눈여겨보았다고 말해 주었다.

1990년대에 스포르팅의 코치였고 맨유의 코치인 카를로스 케이로스Carlos Queiroz는 알렉스 퍼거슨 감독과 함께 바쁘게 걸었다. 그들은 몇 해 전 크리스티아누가 국제적인 관심을 끌 때부터 계속 눈여겨 봐왔다. 이번에야말로 큰 경기에서 자세히 볼 수 있는 기회였다.

"모두 주목!" 크리스티아누가 소리치자 라커룸 안에서 목소리가 쩌렁쩌렁 울려 퍼졌다. 동료들은 하던 일을 멈추고 쳐다보았다.

"무슨 일이지, 로니?" 주앙 핀투João Pinto가 물었다.

밖에서는 관중들의 함성이 더욱 커지고 있었다.

"들려?"

"그래. 팬들 소리잖아."

"52,000명이나 되는 팬이지." 크리스티아누가 말했다.

"그래. 그런데 왜?" 이번에는 필리페 루이스Filipe Luis였다.

"다 나를 보러 온 거야." 크리스티아누가 가슴을 내밀고 의기양양하게 말했다.

"맙소사! 혼내주자!" 로렌초Lourenço가 이렇게 소리치며 크리스티아누에게 달려가 바닥으로 끌어당기고 덮쳤다. "잡아! 울기 전에!"

크리스티아누는 웃으며 몸을 비틀었지만 선수들이 더 달려들어서 움직일 수 없었다.

"방금 한 말 취소해!" 핀투가 소리쳤다.

"알았어. 알았어." 크리스티아누는 몸을 비틀면서 웃었다.

"취소야! 취소할게!"

동료들은 그제야 크리스티아누를 놓아주었다. 핀투가 크리스티아누를 일으켜 세우며 농담을 던졌다. "선배들을 존경해야지."

"그래. 형들 팬들도 조금 있어." 크리스티아누가 하는 수없이 인정하자 모두들 웃음을 터뜨렸다.

새 감독 페르난도 산토스Fernando Santos가 들어왔다. 경기 시작이 얼마 남지 않았을 때였다. "좋은 소식과 나쁜 소식이 있다. 나쁜 소식은 퍼거슨이 우리를 '쇼랑chorão'이라고 생각한다는 거야."

선수들이 웃음을 터뜨렸다. '쇼랑'은 포르투갈어로 '겁쟁이, 울보'라는 뜻이었다.

"좋은 소식은 뭐예요?" 크리스티아누가 물었다.

"좋은 소식은 바로 우리가 이길 거라는 거지!" 산토스 감독이 말했다.

경기가 시작되기까지는 몇 분밖에 남지 않았다. 크리스티아누는 가족들이 전부 경기를 보러왔다는 생각에 가슴이 뛰었다.

크리스티아누의 엄마와 아버지는 VIP석에 앉아 있었다. 아버지는 재활 치료를 무사히 마치고 술을 완전히 끊었지만 오늘 컨

디션이 별로 좋지 않아 돌로레스가 남편에게 호텔에서 쉬라고 권유했다. 하지만 아들의 경기를 꼭 봐야 한다고 고집을 부렸다. 돌로레스는 남편에 대해 너무 잘 알고 있었다. 그는 어떤 문제가 있어도 부인에게는 숨기고 드러내지 않는 스타일이었다. 실제로 호세 디니스는 이미 병원에서 신장과 간에 문제가 있다는 진단을 받은 상태였고, 그는 그 진단이 오진이기를 바랐다. 돌로레스는 이미 눈치 채고 있었다.

"병원에 가야겠어요."

"경기가 끝나면."

드디어 전반전이 시작되었고 경기는 매우 느리게 진행되었다. 경기 시작 15분 후에 미드필더 파비우 호쳄박Fabio Rochemback이 유리한 위치에서 프리킥을 날렸지만 크로스바를 맞고 빗나갔다. 맨유의 전설적인 골키퍼 파비앵 바르테즈Fabien Barthez가 호쳄박 선수를 보고 웃었다. 몇 분 후 크리스티아누가 바르테즈를 향해 골을 날렸지만 골키퍼가 쳐냈다. 그것은 크리스티아누의 맹활약의 서막이었다. 크리스티아누는 자신을 집중 마크하는 맨유의 미드필더 존 오셔John O'Shea를 애먹였지만 여전히 골을 기록하지는 못했다. 마침내 리오 호르헤Rio Jorge가 필리페에게 공을 패스했고 필리페가 바르테즈를 향해 슛을 날렸다. 드디어 스포르 딩이 먼저 첫 골을 기록했다. 알발라데를 가득 채운 5만 여명의 팬들은 점점 더 열광했다.

알렉스 퍼거슨 감독은 원정팀 벤치에 앉아 크리티아누에게서 눈을 떼지 못했다. 저 어린 선수는 정말로 재능이 뛰어났다. 퍼거슨은 크리스티아누의 기술과 스피드, 빠른 슛이 마음에 들었다.

퍼거슨은 포르투갈 출신의 코치 케이로스를 보면서 고개를 끄덕였고, 케이로스는 퍼거슨 감독이 마음의 결정을 내렸다는 것을 알았다.

하프 타임에 맨유의 피터 캐넌 Peter Kenyon 단장은 퍼거슨 감독이 앉아 있는 아래로 급하게 내려갔다. 캐넌은 대뜸 이렇게 말했다. "난 당신이 무슨 말을 할지 이미 알고 있어요, 퍼기" 그러자 퍼거슨 감독이 물었다. "저 소년하고 계약하기 전에는 이 경기장을 떠나지 않겠다는 말이요?"

캐넌은 스포르팅 리스본의 선수 대기석을 살펴보며 고개를 끄덕였다. "정확해요."

스포르팅은 후반전에서 검정색과 흰색으로 된 원정 경기 유니폼을 입고 맨유 선수들을 혼란에 빠뜨리며 허를 찔렀다. 효과가 있었다. 핀투가 2골을 더 넣었고 그 중에 크리스티아누가 1도움을 기록했다. 결국 스포르팅이 3대 1로 승리했다.

퍼거슨 감독은 영국으로 돌아가는 비행기에서 통로를 지나 존 오셔 선수의 자리 앞에서 멈추었다. "존, 어린 호날두 때문에 오늘 꽤나 머리 아팠지? 약이라도 줄까?"

"감독님, 치료할 방법이 있어요." 존 오셔가 말했다. "저희들이 투표를 했거든요." 그가 뒤편의 동료들을 향해 손짓하며 말했다.

"투표를 했다고? 무슨 일로? 우리 팀은 민주주의가 아니야, 존. 대장은 나라고."

"크리스티아누 호날두를 우리 팀으로 데리고 왔으면 합니다."

퍼거슨 감독은 비행기 안을 둘러보았고 카를로스 케이로스와 눈이 마주치자 서로 미소를 교환했다. 결정은 이미 끝났다. 아직 선수들만 모르고 있을 뿐.

다른 선수들도 모두 오셔의 말에 동의했다.

"농담이겠지? 호날두는 오늘 한 골도 못 넣었잖아." 퍼거슨 감독이 말했다.

"감독님, 버릇없이 굴려는 건 아니지만 오늘 경기 제대로 보신 거 맞나요?" 파비앵 바르테즈가 말했다.

퍼거슨 감독은 재미있다는 표정으로 선수들을 둘러보았다. "모두 생각이 같으니 다행이군. 그 소년을 맨체스터로 데려왔는데 모두가 싫어한다면 큰일이지 않겠어?"

선수들은 퍼거슨 감독의 말뜻을 이해하고 환호했다. 퍼거슨 감독은 자신의 자리로 돌아가는 도중에 케이로스의 자리에 멈춰 서 속삭였다. "임무 완료네."

그 날의 경기 이후 퍼거슨 감독과 피터 캐년 단장은 크리스티아누와 크리스티아누의 새 에이전트와 비밀리에 이야기를 나누었고 다음 날 크리스티아누와 에이전트는 잉글랜드 맨체스터로 날아갔다. 그리고 스포르팅은 크리스티아누를 1,200만 파운드가 넘는 금액에 맨유에 팔기로 결정했다.

CHAPTER 17

성공적인 맨유 데뷔전

크리스티아누는 맨유의 홈구장 올드 트래포드Old Trafford에 있는 알렉스 퍼거슨 감독의 사무실로 들어섰다. 카를로스 케이로스 코치가 통역을 위해 동행했다. 마데이라 섬 출신의 이 10대 소년은 영어를 할 줄 몰랐다. 퍼거슨 감독은 창을 통해 팀이 훈련하고 있는 모습을 쳐다보고 있었다.

"부르셨나요?" 크리스티아누가 말했다.

퍼거슨 감독이 뒤돌아서며 엄지를 들어 올렸다. "축구에서 가장 좋은 전망이지. 안 그런가, 크리스?"

크리스티아누는 고개를 끄덕였다. 또 새로운 별명이 생겼다.

"우리는 자네를 위한 등번호가 필요해, 크리스."

"아, 유니폼 번호 말이군요." 크리스티아누가 말했다. "28번을 써도 될까요? 스포르팅에서 쓰던 번호거든요."

퍼거슨이 미소 지었다. "그보다 훨씬 작은 번호를 자네에게 주려고 생각하고 있지." 퍼거슨은 책상에서 빨간색 유니폼을 들어 크리스티아누에게 건네었다. 크리스티아누는 유니폼을 펼쳤다. 유니폼 등에는 굵은 하얀색의 이름과 7이라는 숫자가 적혀 있었다.

크리스티아누는 숨이 막혔다. "7번이다!" 자신도 모르게 살짝 소리쳤다. "하지만 이건 베컴Beckham 선수의 번호인데요!"

"조니 베리Johnny Berry, 조지 베스트George Best, 브라이언 롭슨Bryan Robson, 스티브 코펠Steve Coppell, 에릭 칸토나Eric Cantona도 7번을 달았었지." 퍼거슨 감독이 10대 소년에게 웃으며 말했다. "이젠 자네가 7번이야. 설마 거절하는 건 아니겠지?" 퍼거슨 감독이 농담을 던졌다.

크리스티아누는 얼굴이 빨개졌다. "아닙니다! 남들은 제가 좀 이상하다지만 그렇지 않거든요!"

퍼거슨 감독과 케이로스 코치가 웃음을 터뜨렸다.

"제가 이 번호의 값어치를 했으면 좋겠어요."

"잘할 걸세." 퍼거슨 감독이 말했다.

사흘 후, 크리스티아누 호날두는 처음으로 붉은 유니폼을 입고 볼턴Bolton과의 경기에서 맨유 데뷔전을 맞이했다. 그는 벤치에 앉아 있었고 옆에는 에릭 젬바 젬바Eric Djemba Djemba 선수가 있었다. "모든 일이 너무 빨리 일어나고 있지?" 젬바 젬바가 물었다.

"더 빨라도 되는데." 크리스티아누는 가슴이 터질 것 같은 심정으로 그라운드를 바라보며 말했다. 인내심을 시험 당하는 기분이었다.

"나갈 준비해, 로니." 케이로스 코치의 말에 크리스티아누는 자리에서 벌떡 일어나 몸을 풀기 시작했다.

경기 시작 후 60분 째에 크리스티아누 호날두는 니키 버트Nicky Butt 교체선수로 들어가게 되었다.

퍼거슨 감독이 말했다. "상대팀은 지금 지쳐 있어. 수비수에 구멍을 뻥 뚫어놓도록."

"네, 감독님!"

니키 버트가 경기장을 나오면서 크리스티아누의 손바닥을 쳤다. 맨유 역사상 첫 포르투갈 출신 선수가 올드 트래포드에서 데뷔전을 치르는 순간이었다. 장내 스피커에서 크리스티아누의 이름이 울려 퍼지자 관중들이 환호를 보냈다.

맨유는 1대 0으로 이기고 있었고 진 세계에서 가장 몸값이 비싼 10대 선수가 과연 팀의 승리를 확정지을 수 있을지 귀추가 주목되었다.

볼턴은 크리스티아누에게 인정사정없었고 앙갚음을 하듯 그를 따라 붙었지만 마데이라 섬의 길거리에서 축구를 배운 이 18세 소년은 몸싸움 역시 경기의 일부라는 사실을 잘 알고 있었다.

크리스티아누의 도움으로 라이언 긱스Ryan Giggs가 추가골을 넣었다. 계속해서 폴 스콜스Paul Scholes와 뤼트 판 니스텔로이Ruud van Nistelrooy가 한 골씩 더 넣으면서 맨유가 4대 0으로 완승을 거뒀다. 팬들은 열광적인 환호를 보냈다. 크리스티아누가 경기장을 나올 때 모두들 일어나 손을 흔들었다.

"새로운 영웅이 탄생한 것 같군." 퍼거슨 감독이 이렇게 말하고 케이로스 코치의 등을 두드렸다.

두 사람은 선수들과 함께 그라운드를 떠났다.

CHAPTER 18

홀로서기, 그리고 국가대표

크리스티아누는 카를로스 케이로스 코치에게 통역을 전적으로 의지했기에 그가 앨더리 에지에 있는 자신의 집으로 찾아와 전해준 소식에 무척 실망했다.

"로니, 앞으로는 내가 널 도와줄 수 없어. 난 맨체스터를 떠나게 됐거든." 카를로스 케이로스 코치가 말했다.

"그럼 앞으로 누가 저 대신 말해줘요?" 크리스티아누는 애가 탔다.

"앞으로는 네가 직접 해야 해. 이제 영어 공부를 해야 할 때야."

그러자 크리스티아누가 웃었다. "그럼 배우는 중이니까 실수해도 되는 거예요?"

농담이라는 것을 알았지만 케이로스 코치가 웃으며 고개를 저었다. "아니. 네가 감독님한테 말실수하지 않도록 프란시스코 필리오Francisco Filho가 확실히 책임져줄걸."

필리오는 브라질 출신으로 지난해부터 맨유의 유소년팀 감독을 맡고 있었다. 앞으로는 그가 통역을 도와줄 예정이었다.

크리스티아누는 케이로스 코치가 떠나는 것이 서운했다. "필리오도 좋지만 코치님은 아니잖아요." 크리스티아누가 말했다.

"나도 아쉽구나. 하지만 내가 지금 맨유를 떠나는 건 무척 특별한 의미가 있어. 너도 알지?"

"제가 납득할 수 있을 만한 이유가 있겠죠." 크리스티아누가 못내 아쉬운 듯 웃으며 말했다. "그라운드에서 속상한 일이 있으면 이제 누구 앞에서 울어요?"

"난 널 알아. 넌 잘 할 수 있을 거야. 내가 맨유를 왜 떠나는지는 궁금하지 않니?"

"벌써 알고 있어요. 레알 마드리드Real Madrid의 감독으로 가시는 거잖아요." 그리고 크리스티아누는 잠깐 동안 말이 없었다. 갑자기 예상치도 못한 것을 발견하고 그것이 자신의 인생에 신명하게 보이는 듯했다. "제 꿈이 뭔지 아세요? 어렸을 때부터 꾼 꿈이에요!"

"아니. 하지만 지금 말해주려는 거겠지?" 케이로스 코치가 모른 척하며 말했다.

"레알 마드리드에서 뛰는 거예요!"

케이로스 코치가 웃으며 말했다. "모든 선수의 꿈이지!"

크리스티아누도 웃었다. 그것은 대부 페르낭이 항상 했던 말이었다. 크리스티아누는 미소를 지으며 코치를 바라보았다. "절 잊으시면 안 돼요, 코치님."

케이로스 코치는 크리스티아누를 찬찬히 살펴보았다. "어떻게 잊겠니?"

그는 크리스티아누를 아들처럼 아꼈고 맨유로 데려온 것도 그의 아이디어였다. 이제 크리스티아누의 선수 생활이 더욱 활짝 꽃피려고 하는데 더 이상 옆에서 지켜볼 수가 없게 되었다.

"영어 꼭 배워라!" 케이로스 코치가 손가락으로 크리스티아누를 가리켰다.

크리스티아누는 웃으며 그를 껴안았다. 케이로스 코치는 며칠 후 맨체스터를 떠나 레알 마드리드로 갔다. 하지만 머지않아 두 사람은 다시 만나게 된다.

다음날 포르투갈 국가대표팀 감독인 루이스 펠리프 스콜라리 Luiz Felipe Scolari, 일명 '빅 필Big Phil'이 크리스티아누에게 연락을 했다. 카자흐스탄과의 국제 친선 경기에서 뛰어달라는 것이었다. 크리스티아누의 에이전트인 호르헤 멘데스는 이미 국가대표팀의 훈련장이 있는 포르투갈 샤베스행 비행기 티켓을 준비해두었다.

알렉스 퍼거슨 감독은 2002년 브라질 월드컵에서 우승을 거둔 빅 필이 맨유의 새로운 천재 선수를 주말 동안 채어갈 것이라는 소식을 듣고 당장에 전화를 걸었다. "알다시피 내가 직접 크리스티아누를 특별 관리하는 중이니까 행여나 혹사시킬 생각하지 말아요."

"내가 왜 그러겠어요, 퍼기." 스콜라리 감독이 웃으며 말했다.

"난 농담이 아니에요, 필. 앞으로 크리스티아누를 위해 큰 계획을 세워뒀으니까 고생시키지 말라고요." 퍼거슨 감독은 이렇게 말하고 전화를 끊었다.

사흘 후, 세계적인 스타 선수이자 포르투갈 국가대표팀의 리더인 루이스 피구Luis Figo와 루이 코스타Rui Costa가 경기 시작 전에 크리스티아누를 라커룸의 한쪽으로 데려갔다. 크리스티아누는 믿어지지 않았다. 자신의 영웅들이 경기 전에 조언을 해주다니.

"긴장하지 말고 평소 하던 대로 해." 피구가 말했다.

"감정에 휘둘리면 안 돼." 루이 코스타도 거들었다.

하프 타임에 크리스티아누는 후반전에 자신이 투입되리라는 것을 알았다. 스콜라리 감독이 신호를 보내자 피구가 크리스티아누와 교체하기 위해 그라운드에서 나왔다. 피구가 크리스티아누를 안아주자 크리스티아누는 호흡을 크게 했다. 피구는 "긴장하지 마."라고 속삭이며 크리스티아누의 손바닥을 쳤고 나머지 경기를 지켜보기 위해 벤치로 갔다. 돌로레스는 이 모든 광경을 지켜보고 있었다. 피구 선수와 함께 그라운드에 있는 아들을 보니 자랑스러움이 샘솟았다. 호세 디니스는 아무런 말도 하지 못했다.

크리스티아누는 방금 피구 선수와 친 손바닥을 보고 미소 지었다. "방금 이 손에 위대한 선수의 손이 닿았어!" 그러고는 포르투갈 국가대표팀의 윙어 임무를 완수하기 위해 그라운드로 달려갔다.

그날 저녁, 크리스티아누는 대표팀이 머무르는 호텔 앞에 서서 맨체스터로 돌아가기 위해 공항으로 데려다 줄 차를 기다리고 있는데, 스콜라리 감독이 신문을 흔들며 호텔 로비에서 나오고 있었다.

"이것 좀 보게!" 그가 크리스티아누에게 신문을 건넸다.

크리스티아누는 스포츠 섹션을 펼쳤다. 크리스티아누는 자신을 '최우수 선수'로 선정한 기사를 보고는 하늘을 쳐다보며 미소를 지었다. 생애 가장 행복한 순간이었다.

"축하하네!" 스콜라리 감독이 말했다.

그때 타운카가 멈추었고 운전기사가 내려서 문을 열어주었다. 크리스티아누가 차에 타자 스콜라리 감독이 차문에 대고 말했다. "퍼기한테 내가 고생시키지 않았다고 꼭 전하게."

"네, 감독님." 크리스티아누가 대답하자 스콜라리 감독이 문을 닫았다.

크리스티아누는 잉글랜드로 돌아가서 그 시즌에 39경기를 더 뛰었고 8골을 넣어 맨유가 4년 만에 FA컵에서 우승하는 데 한 몫을 했다. 그 때가 2004년 5월 22일이었다.

"자네는 훨씬 더 뛰어난 선수가 될 수 있어. 꼭 그렇게 될걸세." 퍼거슨 감독이 말했다.

CHAPTER 19

아! 아버지

크리스티아누는 모스크바의 호텔 방에서 천장을 뚫어져라 쳐다보았다. 때는 2005년 9월이었고 잠시 후 경기가 시작될 예정이었다. 크리스티아누는 자리에서 일어나 리모컨으로 TV를 켰다. 모든 방송이 러시아어로 나와서 알아들을 수가 없었다. 침대 옆에 기대어 포르투갈 국가대표 선수용 짐가방을 뒤적이다가 마침내 찾고 있던 물건이 나왔다. 바로 포장지에 싸인 쿠키였다. 크리스티아누는 포장을 풀고 쿠키를 허겁지겁 먹었다. 앞으로 약 두 시간 후에 러시와의 경기가 있을 예정이었다. 2006년 월드컵을 위해서 매우 중요한 경기였다.

전화벨이 울리자 크리스티아누는 먼 거리를 점프해서 받았다.

"로니, 잠깐 내 방으로 와야겠네." 스콜라리 감독의 호출이 왔는데, 왠지 목소리가 무거운 톤이었다.

크리스티아누는 서둘러 바지와 셔츠를 입고 신발을 후딱 신고는 몇 개의 방을 지나 빅 필의 방으로 달려갔다. 문을 두드리자 루이스 피구가 나왔고 그를 방으로 들여보냈다. 뭔가 이상했다. 루이 코스타도 방에 있었다.

"러시아 호텔방에서 회의라도 하는 건가요?" 크리스티아누가 농담을 던졌다.

하지만 아무도 웃지 않았다.

"로니, 자네 아버지에 관한 일이네." 스콜라리 감독이 말문을 열었다.

순간 크리스티아누는 가슴이 철렁했다. 예상하고 있던 일이었다. 지난 7월에 아버지를 런던으로 모셔와 병원에 입원시켰는데 병원에서는 준비를 하라고 했었다. 하지만 크리스티아누는 아직은 안 된다고 생각했다. 아직 준비가 되지 않았다. "아버지는 아직 런던 병원에 계시는 거죠?" 크리스티아누는 물으며 진정하려고 의자에 앉았다.

"몇 분 전에 돌아가셨다고 의사한테 전화가 왔네." 스콜라리 감독이 말했다.

크리스티아누는 온 몸의 힘이 다 빠져나가는 기분이었다. "어…… 어떻게 이런 일이? 오늘 아침에도 아버지하고 통화를 했는데."

"필사적으로 버티신 거야. 이제 더 이상 싸우지 않아도 되고 아프지 않으셔도 되네." 스콜라리 감독으로서도 하기 어려운 말이었다. 피구가 스콜라리 감독의 어깨를 감싸며 힘을 주었다.

"로니, 아버지는 더 이상 싸우지 않으셔도 돼. 편안한 곳으로 가셨을 거야." 피구가 위로했다.

스콜라리 감독은 잠시 동안 크리스티아누를 쳐다보았다. "아무한테도 말하지 않았지만 나도 아버지가 돌아가셨네. 어떤 기분인지 잘 알아." 스콜라리 감독은 크리스티아누를 안아 주었고 그는 품에 안겨 흐느끼기 시작했다. "얼른 런던으로 가서 가족들 곁을 지켜." 스콜라리 감독이 말했다.

크리스티아누는 잠시 생각하더니 고개를 저었다.

"아니에요. 전 경기에 나가고 싶어요. 아버지를 위해서요. 아버지가 아니었다면 이 자리에 오지 못했을 거예요." 그리고 크리스티아누 호날두는 정말로 아버지를 위해 경기에 나갔다.

사흘 후, 크리스티아누는 전세기를 타고 마데이라로 향했다. 대서양의 맑고 푸른 바다에는 마치 거울처럼 구름이 비쳤다. 크리스티아누의 머릿속은 아버지 생각으로 가득했다. 크리스티아누는 아버지가 돌아가시기 전에 두려워하지 않았기를 빌었다. 그리고 아버지를 잃은 슬픔에서 영원히 벗어나지는 못하겠지만 그래도 익숙해지게 해달라고 기도했다. 알코올 중독으로 얻은 병 때문에 돌아가신 아버지를 생각하자 어린 시절에 했던 다짐이 떠올랐다. 자신은 절대로 술을 마시지 않겠다는 다짐이었다. 크리스티아누는 그 다짐을 잘 지켰다.

전세기가 푼샬 공항에 도착하자마자 크리스티아누는 리무진을 타고 산토 안토니오 공동묘지에 있는 예배당으로 갔다. 리무진이 산토 안토니오로 가는 길로 들어서자 길가에는 수천 명의 팬들이 이곳 출신의 슈퍼스타를 보려고 잔뜩 나와 있었다. 리무진이 교회 앞에 도착하니 목사님이 앞에 서 있고 양쪽에는 크리스티아누의 대부인 페르낭 드 소사와 아버지의 절친한 친구였던 하이메 페르난데스Jaime Fernandes가 있었다. 예배당 안에는 스콜라리 감독을 비롯해 수백 명의 사람들이 와있었다. 장례식이 시작되기 전이었고 모두들 크리스티아누가 도착하기를 기다리고 있었다.

맨 앞에 아버지의 관이 보였다.

목사님은 설교를 짧게 마쳤고 크리스티아누는 가슴이 찢어지는 듯했다. 크리스마스를 얼마 앞두고 다시는 언덕길에서 잃어버리지 말라면서 새 축구공을 주었던 아버지가 생각났다. 크리스티아누에게는 최고의 크리스마스 선물이었다. 예배당 좌석 주변으로 어릴 적 동네 형들이 서 있었고, 어린 시절 크리스티아누가 너무 어리다는 이유로 축구 시합에 끼워주지 않으려고 했던 기억이 났다. 아버지가 안도리냐의 경기 때문에 크리스티아누의 세례식에 늦었고 옷차림도 엉망진창이어서 목사님이 화를 냈다고 말해준 이야기도 떠올랐다. 크리스티아누가 나시오날과 스포르팅을 거쳐 맨체스터 유나이티드로 가기까지 아버지는 항상 아들의 곁에 있었다. 크리스티아누는 은혜를 갚기 위해 아버지를 도우려 최선을 다했지만 결국에는 그럴 수가 없었다. 세상에는 돈으로도 불가능한 일이 있었다.

장례식이 끝나고 호세 디니스 도스 산토스 아베이루는 산토 안토니오 공동묘지에 묻혔다. 하얀 묘비에는 포르투갈어로 이렇게 적혔다. "아내와 아들들, 사위, 딸들, 손주들, 어머니, 그리고 모든 가족들이 영원히 당신을 그리워할 것입니다."

크리스티아누에게는 아버지를 그리워할 뿐만 아니라 아버지의 모습을 찾으려고 할 것이라는 뜻이기도 했다. 그것이 포르투갈의 오랜 전통이었다.

크리스티아누는 맨체스터로 돌아가 그곳에서 다섯 시즌을 더 뛰면서 292경기에 출장해 118골을 기록했다. 그의 가족은 항상 곁에 있었다. 크리스티아누는 "가족이 행복해야 나도 행복하다."라는 말을 자주 했다.

2008년에 크리스티아누는 맨유가 프리미어십과 챔피언스리그에서 우승하도록 이끌었고 개인적으로는 축구 선수에게 가장 영광스러운 상이라고 할 수 있는 FIFA 발롱도르를 수상했다. 세계 최고의 선수가 된 것이었다.

크리스티아누가 상을 받을 때 알렉스 퍼거슨 감독이 무대로 올라가 크리스티아누에 대해 몇 마디를 했다. 크리스티아누는 전혀 예상하지 못한 일이었다. "크리스티아누는 이 상을 받을 만한 자격이 충분하고, 우리 팀은 최근 성적에 매우 고무되어 있습니다. 맨체스터 유나이티드가 40년 동안 기다려온 순간입니다." 관중들이 환호를 보냈고 퍼거슨 감독은 크리스티아누를 보고 미소 지었다. 그는 아직 24살밖에 되지 않은 이 천재 선수가 눈물을 참고 있다는 것을 알 수 있었다. 퍼거슨 감독은 말을 더 이어갔다. "축구 실력만큼 잘 알려지지 않은 크리스티아누의 장점은 바로 용기입니다. 축구에서의 용기와 삶에서의 용기, 이 두 가지는 다르게 표현됩니다. 하지만 아무리 장애물이 나타나도 계속 앞으로 나아가려는 용기, 그 용기를 크리스티아누 호날두는 너무도 잘 알고 있습니다. 그만한 용기를 가진 선수는 흔치 않습니다. 어떤 사람들은 축구에서 가장 큰 용기란 공을 차지하는 것이라고 말합니다. 또 다른 용기란 바로 도덕적 용기인데 바로 공을 지키고자 하는 용기입니다. 호날두는 바로 그런 용기를 가진 선수입니다. 위대한 선수들만이 그런 용기를 가지고 있습니다."

크리스티아누 호날두는 맨체스터 유나이티드에서 큰 성공을 거두었지만 다섯 번째 시즌이 끝나갈 무렵인 2008년에는 레알 마드리드로 옮기고 싶어 했다.

CHAPTER 20

레알 마드리드

알렉스 퍼거슨 감독은 코치였던 카를로스 케이로스가 포르투갈의 자택에서 전화를 걸어오자 이내 심각한 일이라는 것을 직감했다. 케이로스는 원래 얼굴을 보고 말하는 것을 좋아했기 때문이다.

"크리스티아누가 지금 여기 있어요. 퍼기, 당신의 도움이 필요합니다."

퍼거슨 감독은 몇 시간 만에 체스터 공항으로 가서 포르투갈 직항 비행기를 탔다. 그가 케이로스의 집 앞에 도착해서 문을 두드리자 크리스티아누 호날두가 나왔다. 크리스티아누는 퍼거슨 감독을 보자마자 깜짝 놀랐다.

"감독님!" 크리스티아누는 놀란 채 서 있었다.

"크리스, 계속 밖에 세워둘 건가?"

크리스티아누의 얼굴이 붉어졌다. "이런! 죄송합니다, 감독님!" 그는 옆으로 비켜 퍼거슨 감독을 안으로 들였다.

퍼거슨 감독은 안으로 들어와 집안을 둘러보았다. 부엌에 있던 케이로스가 환한 미소를 띠며 나왔다. "퍼기! 이렇게 와주다니 반갑군요!"

크리스티아누는 케이로스와 퍼거슨 감독을 차례로 쳐다보았다. "레알 마드리드에 대한 이야기는 세 시간 전에 카를로스 감독님한테만 했는데 감독님은 무슨 일로 오신 거죠?" 크리스티아누가 농담을 했다.

"더 빨리 왔어야 하는데 영국에서 순간 이동을 할 수가 없어서 말이지." 퍼거슨 감독은 자리에 앉으며 말했다.

"그래, 칼데론Calderon이 뭐라고 했는지 말해보게."

세 사람은 자리에 앉았고 크리스티아누는 레알 마드리드의 라몬 칼데론 회장이 당장 이적하는 조건으로 엄청난 돈을 제시했다고 주저 없이 이야기했다.

퍼거슨 감독은 자신이 아끼는 천재 선수를 잠시 살피더니 이내 입을 열었다. "당연히 가고 싶겠지. 레알 마드리드에서 뛰는 게 어릴 적부터 꿈이었으니까. 다섯 시즌 동안 맨유를 위해 열심히 해줘서 다들 고마워하고 있어."

"감독님, 맨유가 있었기에 지금의 제가 있을 수 있었어요. 감독님께 감사하는 마음 영원히 잊지 않을 겁니다. 감독님이 생각하기에 옳은 결정을 내리고 싶어요."

"그래, 그건 사실이야. 맨유가 지금의 호날두를 만들었지. 하지만 그건 한 부분에 불과하네." 퍼거슨 감독은 계속 말을 이어갔다. "자네는 맨유에 활기를 불어넣었어. 그것도 활기가 가장 절실하게 필요하던 때에 말이지. 몇 시즌 동안 찾아볼 수 없었던 자기표현이 자네 덕에 가능해졌지. 칼데론이 자네를 데려가고 싶어 하는 이유를 나도 알고 있네. 칼데론이 그동안 자네가 레알 마드리드에서 뛰게 될 거라고 동네방네 말하고 다닌 것은 더 이상 비밀도 아니지. 레알 마드리드는 자네에게 역대 최고 연봉을 주고 싶어 하네. '레알 마드리드가 세계 최고'라고 확실히 못 박으려는 거지. 하지만 그건 칼데론의 방식이야. 내가 지금 자네를 보내면 내 명예는 물론이고 모든 게 사라져 버릴 걸세. 그래서 관중석에 앉혀놓고 경기를 구경만 하게 하는 한이 있어도 지금은 자네를 보낼 수 없네. 물론 그렇게까지 되지는 않겠지만 확실히 말하건대 올해에는 자네를 보낼 수 없어. 무슨 말인지 알겠나? 이건 존중의 문제야."

크리스티아누는 고개를 끄덕였다. "네, 무슨 말씀이신지 압니다." 크리스티아누는 가슴이 북받쳐 오르는 것을 느꼈다.

"자네가 얼마나 간절히 레알 마드리드에 가고 싶어 하는지 잘 아네. 하지만 칼데론이 이런 식으로 나온다면 자네를 레알 마드리드에 파느니 차라리 총으로 쏘고 말겠어."

크리스티아누는 세계 최고의 축구 감독을 바라보았다. 그는 퍼거슨 감독이 얼마나 직설적인 성격인지 잘 알았고 그 순간 자신의 꿈은 조금 더 뒤로 미루어야 한다는 사실을 깨달았다. 크리스티아누는 웃음을 터뜨렸다. "농담이라고 생각해서 웃는 게 아니에요. 농담이 아니란 걸 아니까 웃는 거예요." 크리스티아누는 잠시 심호흡을 했다. "감독님, 그동안 저에게 정말 믿을 수 없을 정도로 많은 걸 해주셨어요. 절대로 잊지 않을 거예요. 18살에 처음 맨유에 왔을 때 감독님은 저에게 축구계의 아버지와 같았어요. 제가 28번을 달겠다고 했는데도 7번을 주셨죠. 사실 부담이 컸지만 감독님께서는 걱정하지 말라고 하셨어요. 제가 그만큼 뛰어난 선수니까 7번을 달 자격이 충분하다고요. 감독님은 제가 좋은 축구선수는 물론이고 개인적으로도 좋은 사람이 될 수 있도록 많은 걸 가르쳐주셨어요. 감독님은 정말 멋진 분이에요. 저에게 감독님은 언제까지나 넘버원이에요."

퍼거슨 감독은 크리스티아누를 바라보았고 약간 누그러진 표정으로 말했다. "크리스티아누, 자네는 내가 감독으로 만난 선수 중에서 가장 뛰어난 선수야. 내가 맨유에서 지도한 수많은 훌륭한 선수들을 다 능가하지. 알다시피 꽤 많거든."

두 사람은 포옹을 나눈 뒤 퍼거슨 감독은 포르투갈을 떠나 맨체스터로 돌아갔다.

알렉스 퍼거슨 감독은 예전에 카를로스 케이로스와 함께 어린 크리스티아누 호날두를 맨유로 데려오기 위해 애쓰던 때에 친구이자 코치인 케이로스에게 이렇게 물은 적이 있었다. "다른 팀에서 데려가기 전에 우리가 크리스티아누를 얼마나 오래 데리고 있을 거 같나?"

그때 케이로스는 이렇게 말했다. "5년 동안 함께 한다면 대성공인 거죠."

그리고 알렉스 퍼거슨 감독은 6년 동안 크리스티아누 호날두와 함께했다.

  크리스티아누는 약속을 지켰고 맨유에서 여섯 번째 시즌까지 뛰고 레알 마드리드로 이적했는데, 레알 마드리드에 새로 취임한 플로렌티노 페레즈Florentino Perez 회장은 크리스티아누에게 역대 최고의 이적료를 지불했다.

CHAPTER 21

꿈을 이룬 가난한 섬 소년

크리스티아누는 미소를 지었다. 그는 요즘 웃음이 많아졌다. 산티아고 베르나베우를 다시 한 번 둘러보고 그라운드로 이어지는 초록색 길을 걸어 무대에 섰다. 82,000명이 넘는 팬들이 포르투갈 마데이라 섬의 산토 안토니오에서 길거리 축구를 하던 가난한 소년에서 맨체스터 유나이티드에 입단해 세계적인 선수로 성장한 그를 보러 왔다. 이제 레알 마드리드의 선수가 된 그를.

단상에 있던 플로렌티노 페레즈 회장이 무대로 올라온 크리스티아누에게 인사를 했다. 크리스티아누는 자신의 영웅인 알프레도 디 스테파노와 에우제비오와 포옹을 한 후 조용히 섰고, 페레즈 회장은 무대에 오른 모든 이들을 관중에 소개했다.

"이렇게 와주셔서 감사합니다. 여러분은 마드리디스모 Madridismo(마드리드의 정신)의 가장 위대한 상징입니다. 우리가 세계에서 가장 존경받는 명문 클럽이 될 수 있었던 것은 다 여러분의 덕분입니다. 오늘 밤 일어나고 있는 일은 그동안 전례가 없었던 일이고, 이렇게 많은 분들이 와주셔서 뜨겁게 응원을 해준다는 것 자체가 레알 마드리드의 가장 큰 힘입니다."

관중들은 열성적인 환호를 보냈다.

"이렇게 와주셔서 멈추지 않는 힘과 열정, 비전을 보여주어 감사합니다. 오늘 포르투갈 출신 선수를 우리 클럽에 소개하는 이 자리에 포르투갈 팬들도 많이 와주셨습니다. 역사상 최고의 선수 중 한 명이자 위대한 포르투갈 축구의 상징과 이 자리를 함께할 수 있어서 영광입니다. 바로 전설적인 선수 에우제비오를 소개합니다!"

포르투갈 축구의 전설이 소개되자 관중들이 모두 자리에서 일어나 목례를 했고, 크리스티아누는 그 광경을 지켜보았다.

"그리고 역사상 가장 위대한 선수인 두 친구가 오늘 처음으로 한 자리에 섰습니다. 에우제비오와 스테파노입니다."

에우제비오와 스테파노는 서로 어깨를 감싸 안고 관중들에게 인사했다.

관중들의 환호가 잦아들자 페레즈 회장이 말을 계속 이었다. "이들처럼 위대함을 달성한 선수들은 그리 많지 않습니다. 하지만 오늘 위대함에 이른 선수가 또 한 명 이 자리에 있습니다. 레알 마드리드는 그를 진심으로 환영하며 전 세계 축구팬들의 꿈을 이뤄줄 수 있을 거라 확신합니다. 바로 크리스티아누 호날두입니다!"

크리스티아누는 제자리에서 한 바퀴 돌면서 환호하는 관객들에게 모두 손을 흔들었다. 그러자 관중들이 "호날두! 레알 마드리드!"라고 소리치며 화답했다. 크리스티아누는 이곳의 팬들이 보여주는 뜨거운 열정이 마음에 들었다. 그에게 레알 마드리드는 언제나 꿈이었고 이제 현실이 되었다.

페레즈 회장이 연설을 끝마치고 이제 크리스티아누가 말할 차례였다. 마데이라 섬 출신의 소년은 무슨 말을 해야 할지 잘 알고 있었다. 속마음을 그대로 이야기하면 되었다. 엄마와 아버지가 가르쳐준 대로 말이다. "저는 이 자리에 서게 되어 무척 행복합니다." 그가 입을 열자마자 관중들의 열광은 거의 광기에 가까울 정도였고 한참 후에야 말을 이을 수 있었다. "제 오랜 꿈이 이루어졌습니다. 저는 어릴 때부터 레알 마드리드에서 뛰는 게 꿈이었습니다." 또 다시 관중들이 열광하는 소리에 크리스티아누는 잠시 숨을 골라야만 했다. "이렇게 많이 오실 줄은 예상하지 못했습니다!" 그러자 관중들이 웃음을 터뜨렸다. "정말 믿어지지 않습니다. 정말 감사합니다." 크리스티아누는 레알 마드리드의 유명한 응원 구호가 떠올랐고 심호흡을 크게 한 후 힘차게 외쳤다. "알라 마드리드Hala Madrid!"

관중들이 자리에서 일어섰고 커다란 함성은 전부 크리스티아누를 위한 것이었다. 비록 보이지는 않았지만 엄마와 휴고 형, 엘마 누나와 카티아 누나도 어딘가에서 보고 있다는 것을 알 수 있었다. 대부 페르낭과 산토 안토니오의 친구들도 모두 어딘가에 있다는 것도 알고 있었다. 크리스티아누는 아버지가 다시 한 번 자신을 안아주면 얼마나 좋을까 생각하며 관중석을 보면서 아버지의 모습을 찾으려고 했다. 아버지가 돌아가신지 몇 해나 지났지만 여전히 그리웠다. 그는 아버지가 돌아가셨다는 현실에 익숙해져야 한다는 것을 알았지만 여전히 아버지를 그리워했다. 영원히 아버지를 그리워할 것이다.

그때 누군가 크리스티아누에게 공을 던졌고 그는 드리블을 해서 공을 머리로 받는 묘기를 선보였다. 사랑하는 고향 마데이라 섬의 퀸타 팔카오에서 수천 번이고 연습했던 바로 그 동작 그대로 말이다.

관중들은 함성을 외쳤고 즐거워하며 애정 가득한 환호성을 보냈다.

크리스티아누 호날두에게는 마법 같은 시간이었고 지구상에서 가장 행복한 사나이였다.

크리스티아누 호날두 기록 _2016년 6월 기준

레알 마드리드
- 프리메라리가 우승: 2011-2012
- 코파 델 레이 우승: 2010-2011, 2013-2014
- 수페르코파 데 에스파냐 2012, 2014
- UEFA 챔피언스리그 우승: 2013-2014

맨체스터 유나이티드
- 프리미어리그: 2006-2007, 2007-2008, 2008-2009
- FA컵: 2003-2004
- 리그컵: 2005-2006, 2008-2009
- FA 커뮤니티 실드: 2007
- UEFA 챔피언스리그 우승: 2007-2008
- FIFA 클럽 월드컵: 2008

개인
- UEFA 유럽 축구 선수권 대회: 준우승(2004), 4강(2012)
- UEFA 유로 2004 올스타 팀 선정
- 브라보 어워드: 2004
- FIFPro 올해의 영 플레이어: 2004-2005, 2005-2006
- FIFPro 올해의 선수: 2008
- 포르투갈 올해의 축구 선수: 2006-2007
- UEFA 올해의 팀: 2004, 2007, 2008, 2009, 2010, 2011, 2012, 2013, 2014
- 맷 버즈비 올해의 선수상: 2003-2004, 2006-2007, 2007-2008
- FIFPro 세계 베스트 11: 2007, 2008, 2009, 2010, 2011, 2012, 2013, 2014
- PFA 올해의 영 플레이어: 2006-2007
- PFA 선수들이 뽑은 올해의 선수: 2006-2007, 2007-2008
- PFA 팬들의 뽑은 올해의 선수: 2006-2007, 2007-2008
- PFA 프리미어리그 올해의 팀: 2005-2006, 2006-2007, 2007-2008, 2008-2009
- FWA 올해의 축구 선수: 2006-2007, 2007-2008
- 프리미어리그 도움왕: 2006-2007
- 프리미어리그 올해의 선수: 2006-2007, 2007-2008

- 프리미어리그 이달의 선수: 2006년 11월/12월, 2008년 1월/3월
- 프리미어리그 득점왕: 2007-2008
- 바클레이즈 메리트 어워드: 2007-2008
- 유러피언 골든슈: 2007-2008, 2010-2011, 2013-2014
- UEFA 클럽 풋볼 어워드: 2007-2008
- UEFA 올해의 클럽 축구 선수: 2007-2008
- FIFA 클럽 월드컵 우승: 2008, 2014
- FIFA 클럽 월드컵 실버볼: 2008, 2014
- 발롱도르(2010년부터 FIFA 발롱도르로 통합): 2008
- FIFA 올해의 선수(2010년부터 FIFA 발롱도르로 통합): 2008
- 월드사커 올해의 선수: 1위(2008, 2013, 2014)
- 옹즈도르: 2008, 2013, 2014
- FIFA 푸슈카시상: 2009
- 코파 델 레이 득점왕: 2010-2011
- IFFHS 세계 각국 리그 베스트 득점자 랭킹 1위: 2011
- IFFHS 가장 위협적인 선수 1위: 2011
- AS 스포츠 어워드: 2011
- 프리메라리가 베스트 골: 1위(2014)
- 프리메라리가 최우수 공격수: 1위(2014)
- 프리메라리가 최우수 선수: 1위(2012, 2014)
- 프리메라리가 MVP: 2013
- 프리메라리가 득점왕: 2010-2011, 2013-2014
- 가디언 세계 최고의 선수: 1위(2008, 2014)
- ESPN 최고의 축구 선수: 1위(2013, 2014)
- 포포투 세계 최고의 선수 TOP 100: 1위(2008, 2013, 2014)
- 글로브 사커 올해의 선수: 1위(2014)
- UEFA 챔피언스리그 득점왕: 2007-2008, 2012-2013, 2013-2014, 2014-2015
- UEFA 챔피언스리그 우승: 2007-2008, 2013-2014
- UEFA 유럽 최우수 선수: 2014
- FIFA 발롱도르: 2013, 2014
- FIFA 올해의 선수: 2008
- AP 글로벌 풋볼 10: 1위(2013, 2014)

세계 최고가 될 수밖에 없었던 스타 플레이어의 비하인드 스토리

리오넬 메시: 천재의 놀라운 이야기
마이클 파트 지음 | 정지현 옮김 | 144면 | 8,800원

『리오넬 메시: 천재의 놀라운 이야기』는 고향 아르헨티나의 로사리오에서 보낸 5살 때부터 스페인 바르셀로나 캄프 누에서 첫 골을 넣기까지 리오넬 메시의 흥미로운 이야기가 담겨있다. 전 세계 축구팬들을 놀라게 한 환상적인 축구 실력으로 세계 최고의 선수를 넘어 신계라고 불릴 운명을 타고난 소년의 놀라운 이야기!

네이마르: 그라운드의 마법사
마이클 파트 지음 | 정지현 옮김 | 152면 | 8,800원

『네이마르: 그라운드의 마법사』는 브라질 무지다스 크루제스 출신의 깡마른 소년 네이마르 주니어가 제2의 펠레로 성장하는 이야기를 보여주고 있다. 네이마르는 타고난 축구 실력과 멋진 미소로 브라질을 넘어 전 세계에 돌풍을 일으켰다. 네이마르가 아버지와의 사랑과 믿음을 통해 가난과 역경을 헤치고 세계적인 축구스타가 되기까지의 여정을 보여주는 가슴 따뜻한 이야기가 담겨있다.

```
Ronaldo – The Rise of a Winner art work and pictures copyright notices

Cover design: OMER PIKARSKY
Front cover: Ronaldo Wiaves his hands and smiles: ASSOCIATED PRESS/ Andres Kudacki
Back cover Ronaldo and ball back: REUTERS/Felix Ordonez
Ronaldo cries with Scolari: REUTERS/Jerry Lampen GR/THI
Young Ronaldo close up: REUTERS/Jose Manuel Ribeiro
Portugal National team After scoring victory cry: REUTERS/Rafael Marchante
Ronaldo scores a penalty the ball in the net close-up: REUTERS/Felix Ordonez
Ronaldo header against ManU: REUTERS/Paul Hanna
Ronaldo with ball on his head and green jersey: REUTERS/Eddie Keogh
Ronaldo makes a face Man U shirt: REUTERS/Toru Hanai
Ronaldo with Sir Alex: REUTERS/ Phil Noble
Ronaldo Bicycle kick: REUTERS/Kai Pfaffenbach
Ronaldo greets fans at his presentation at Santiago Bernabeu: REUTERS/Juan Medina
```

크리스티아누 호날두: 승리를 부르는 자

초판 1쇄 발행 2013년 3월 11일
초판 8쇄 발행 2025년 11월 28일

지은이 마이클 파트
옮긴이 정지현
펴낸이 김영조
편집 김윤하, 최희윤 | **디자인** 오주희 | **마케팅** 김민수, 강지현 | **제작** 김경묵 | **경영지원** 정은진
외주디자인 ALL design group
펴낸곳 싸이프레스 | **주소** 서울시 마포구 양화로7길 44, 3층
전화 (02)335-0385 | **팩스** (02)335-0397
이메일 cypress@cypressbook.co.kr | **홈페이지** www.cypressbook.co.kr
블로그 blog.naver.com/cypressbook1 | **포스트** post.naver.com/cypressbook1
인스타그램 싸이프레스 @cypress_book | 싸이클 @cycle_book
출판등록 2009년 11월 3일 제2010-000105호

ISBN 978-89-97125-09-8 13600

- 이 책은 저작권법에 따라 보호를 받는 저작물이므로 무단 전재 및 무단 복재를 금합니다.
- 책값은 뒤표지에 있습니다.
- 파본은 구입하신 곳에서 교환해 드립니다.
- 싸이프레스는 여러분의 소중한 원고를 기다립니다.